続 ほっとする禅語70

監修 野田大燈
文 杉谷みどり
書 石飛博光

「法にのっとり、比喩を用ひ、因縁を語るべし」という言葉を「難しいことをやさしく、やさしいことを深く、深いことを面白く」と言いかえたのは作家の井上ひさしサン。それを杉谷さんが文章で、石飛さんが墨と筆と紙で……。井上ひさしさんの言葉を一冊にしました。
だからこの本は「やさしい」「深い」「面白い」のです。

永　六輔

はじめに

外国で「ＺＥＮ　ＧＯＬＦ」なる著書がベストセラーとかで、日本のゴルフ雑誌社から「禅」について取材を受けました。

「禅」といえば禅問答・難解・意味不明……、という先入観がありますが、禅は元来が生活そのもので、禅語は生きるための杖ことばでした。

その禅を現代社会に甦らすために禅僧は苦慮しているのですが、いま日本で静かに、そして確実に読者層を広げていっている「禅」の一冊があることを知りました。石飛博光先生の書と杉谷みどり女史の「難しいことをやさしく、やさしいことは深く、深いことを面白く」（井上ひさし語録）で表現した『ほっとする禅語』です。この度その続編の出版にあたり、少しなりとも関われたことは身にあまる光栄です。

二〇〇四年二月

曹洞宗大本山總持寺　後堂　野田大燈

目次

三、どうしたらラクになれるか……71

一、美しく生きる

光陰如矢《こういんやのごとし》

宇宙の中のあなたの一生

五燈会元

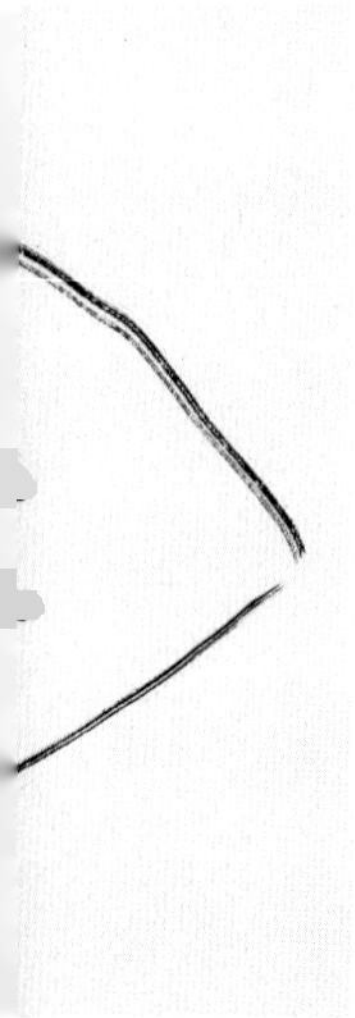

光と陰とは、太陽と月のこと。プラネタリウムで一昼夜をぐるぐるっと早回しにしたようなダイナミックな表現です。

矢を放ったごとく、めくるめく過ぎていく毎日。

何万年たっても一日も後もどりすることはありません。ただ太陽は急ぐ様子もなく、なにくわぬ顔で輝いています。同じように月は音もたてずあわてず、美しい満ち欠けを見せてくれています。

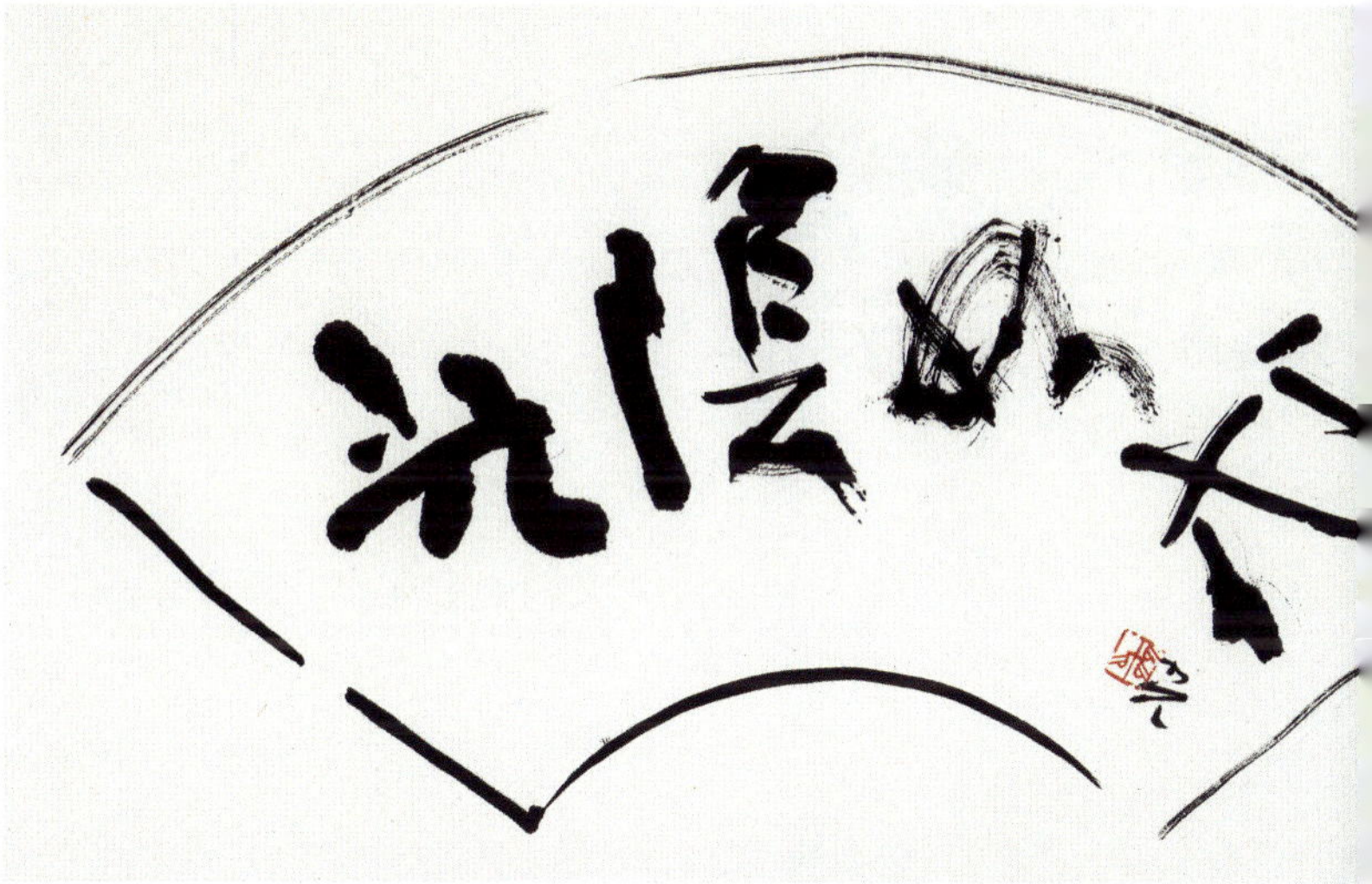

31.8×60.5㎝

こんな天体のリズムに波乗りのように乗ってしまいましょう。

自分の小さな考えの中で自転して、かえらまわりした時間を過ごしてしまわないように。

一日一度は空を見上げて、天体のリズムを感じてみてください。

決して、「急げ急げ」とは言っていないはず。

真玉泥中異《しんぎょくでいちゅうにいなり》

マイペースで輝こう

景徳伝燈録

あなたは今、どんなところにいますか。

にぎやかな場所、華やかな場所。

それとも、いやいや通う学校、パッとしない会社。暗い家、人のいない商店街。

「こんな所にいるから芽が出ないんだ。まわりはうだつの上がらない人ばかり。私のよさもわかってくれない。こんな程度の低い所から早く脱出しよう。」

あなたが本物の宝石なら、泥の中にいたってその輝きは失われません、という

21×86cm

禅語。

今いる場所があなたの居場所。

まわりなんか気にせず自分は自分で勝手に輝いていればいいのです。いつかそんなあなたを誰かが見つける。そんなあなたに誰かが気づく。

あなたの輝きもその才能も、本物なら泥にまみれたって曇らないから、染まることなど心配しないでいってらっしゃい。

魚《うお》行《ゆ》きて水《みず》濁《にご》る

わたしの歩いたあとが道になる

碧巌録

足跡。指紋。吸い殻。グラスに残った口紅。

これではまるでサスペンスドラマですが、禅語にも「起きた事は隠せない」という言葉があります。魚が泳げば水が濁るというのです。

黙っていればバレないと思っていても、なにか証拠が残っているものです。たとえば「顔に書いてある」。悪い事をした時ばかりではありません。いい事をした時も同じ。口に出して言わなくてもどこかに跡が残っています。

あなたが歩んだ道は、見る人が見ればちゃあんとわかる。行動したのになんにもならなかったと思っても、いずれその行動があなたを助けるために帰ってくる瞬間があります。

ああ、あのときの苦労がこんな形で実を結ぶとは。行動は必ず痕跡となる。だから迷わず行動してください。いいえ、迷ったら動かずにいてください。（＝魚の象形）

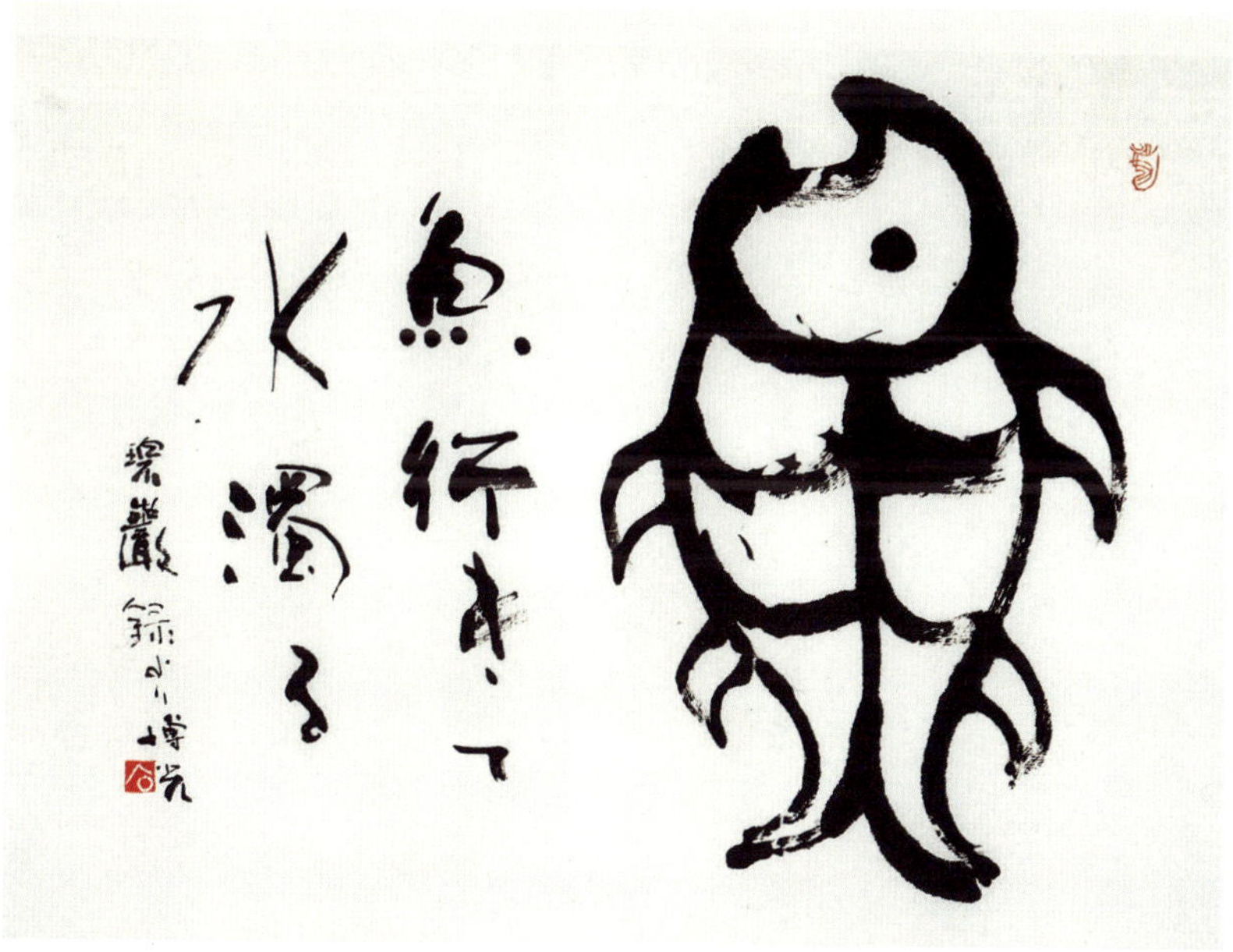

35×47㎝

春水満四澤《しゅんすいしたくにみつ》

昨日は恐かったあの人も

彭沢集

春になって、雪解け水が沢を満たしていく。山を閉ざしていた張本人は雪なのに、その雪が、冬を終えたとたん今度は木々に大地に潤いをもたらし、歌の聞こえる春の仕掛人となる。自然はこんなにあっさり、大胆に変化します。

冬は雪の姿、春は水となって、季節ごとの姿に執着なく地上に恵みをもたらします。まるで、厳格な当主からやさしい隠居となり、孫と遊ぶ好々爺のようです。当主は一家を養う責任を一身に引き受け、収入の途切れることを許されず、世に敵の多いのを承知して子供たちに生業を教える。厳しくなるのはあたりまえです。当主の愛情は冬の雪のよう。そうして子供が修行を終えた頃、当主は世代交代の時期を悟ります。

今度は隠居になった身で、なりたての未熟な当主を支えるべく微笑みをたたえて、孫たちと戯れて雪解け水のように一家を優しさで潤していくのです。

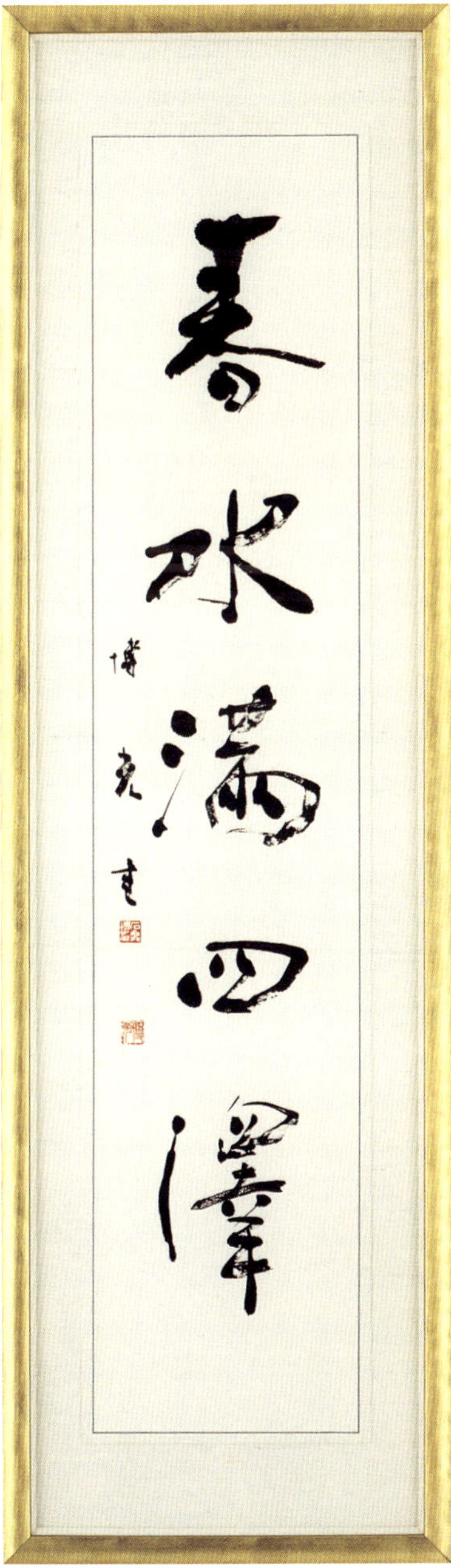

108.5×23（130×39）cm　表装　硯山

咄々々《とつとつとつ》

あら、まあ

雲門広録

驚きと感嘆が入り交じった時の声です。

驚くこと、感動することは、心をやわらかくして若いエネルギーを増やします。

沈んだ友を元気づけるにも、おばあさまのお祝会も、お客さまをおもてなしする日の演出にも、この「咄々々」という声を聞くことを目標にプランをたててみるのはいかがでしょう。

千利休は、お茶会を開くたびに趣向をこらし、桜の花びらを散らせてみたり路地のもみじひとつ、お客様の「まあっ！」と驚く瞬間のために工夫したと言われます。小さな驚きで、お客様の心がほぐれます。

感動して驚くことが日常にあふれたら毎日が楽しく新鮮です。そのためには、出会いとチャレンジが不可欠。

さあ、今日はいくつの「咄々々」？

24×42.5（112×62）cm　表装　麻殖生素子

雲門《うんもん》の餠《へい》

いい話と記憶

碧巌録

雲門禅師が、仏も超えたと評判の玄玄微妙という人に会ってきた次の日、小僧さんが興味津々に聞きました、「どんなお話でしたか」。すると禅師は「胡餅」とひとこと。ありがたい話はその時食べた餅と一緒に呑み込んでしまったよ、というのです。あら、いじわる、と思いきやもしかしたら、「そんな話を聞くより、お前には今やるべきことがあるだろう」と言いたかったので煙に巻いたのかもしれません。

こうして出来た禅語が「雲門餅」です。

誰かと一緒に囲んだ食事。食べた料理とその時の会話が同じ記憶の中に残ります。幼い時に食べた干し柿の味は、祖父の戦争体験の話を思い出させ、お寺でいただく白粥の湯気は、すがすがしい心と修行の決心の象徴となって記憶に残ります。おふくろの味噌汁の味は、忘れていたやさしい語り口を蘇えらせてくれます。

31×38（48×58）cm　表装　硯山

一以貫之《いつもってこれをつらぬく》

やわらかい心で

一貫して変わらず道を進むこと。

楽な方楽な方へ、目移りしてそのたびに都合のいいようにポリシーを変え、浮気ばかりしていると、ものごとの本質はいつまでたってもつかめません。しかし、単にがんこに硬直して一本道を行けと言っているわけではないようです。

伝統工芸といわれるものは、何代も続いて技術とノウハウが受け継がれていきます。何百年ものあいだ、少しずつ修正を積み重ねて完成されてきたもの。思いつきの新しい方法を急に用いても勝てるものではありません。まさに一貫して道を進んできた賜物です。しかし、昔の絵柄のままでは、現代人には意味さえ不明で売れません。だから伝統工芸はいつでも時代を少し反映させながら継承されてきたはずです。

柔軟な心と謙虚な態度があってこそ、一つのことが貫けます。ゆずれること、ゆずれないことの選択は、やわらかい心で。

28.8×31.8㎝

花《はな》は無心《むしん》にして蝶《ちょう》を招《まね》く
蝶《ちょう》は無心《むしん》にして花《はな》を尋《たず》ねる

良寛詩集

無心なら長続き

無心でする仕事。これが一番自然で美しく、長続きして疲れず、世のためになり実も結びます。花が無心で蝶を招いているように、蝶が無心で花を尋ねていくように。

蝶は、「花粉運搬およびそれによる受精補助」で花畑業界に貢献しよう、などと思っているわけではありません。花は「蜜を餌に花粉をタダで運ばせよう……」まさか！

能の役者は、上手く見せたいとか、そこに月があるようにイメージしてとか、技巧に走ることを嫌い、ただ型に従って動作し、無心になることを願います。動きや型を覚えたら、修行したことも忘れてこそ（「忘筌」112頁）無心となります。そして「花」になるのです。それまでの修行なくして無心になれるわけではありません。心が無いのではなく、心を超えた所に無があるのでしょう。人は、生まれた時に無心で、育つほどに無心が失われていくのかもしれません。だから生まれた時の無心をめざして修行をします。

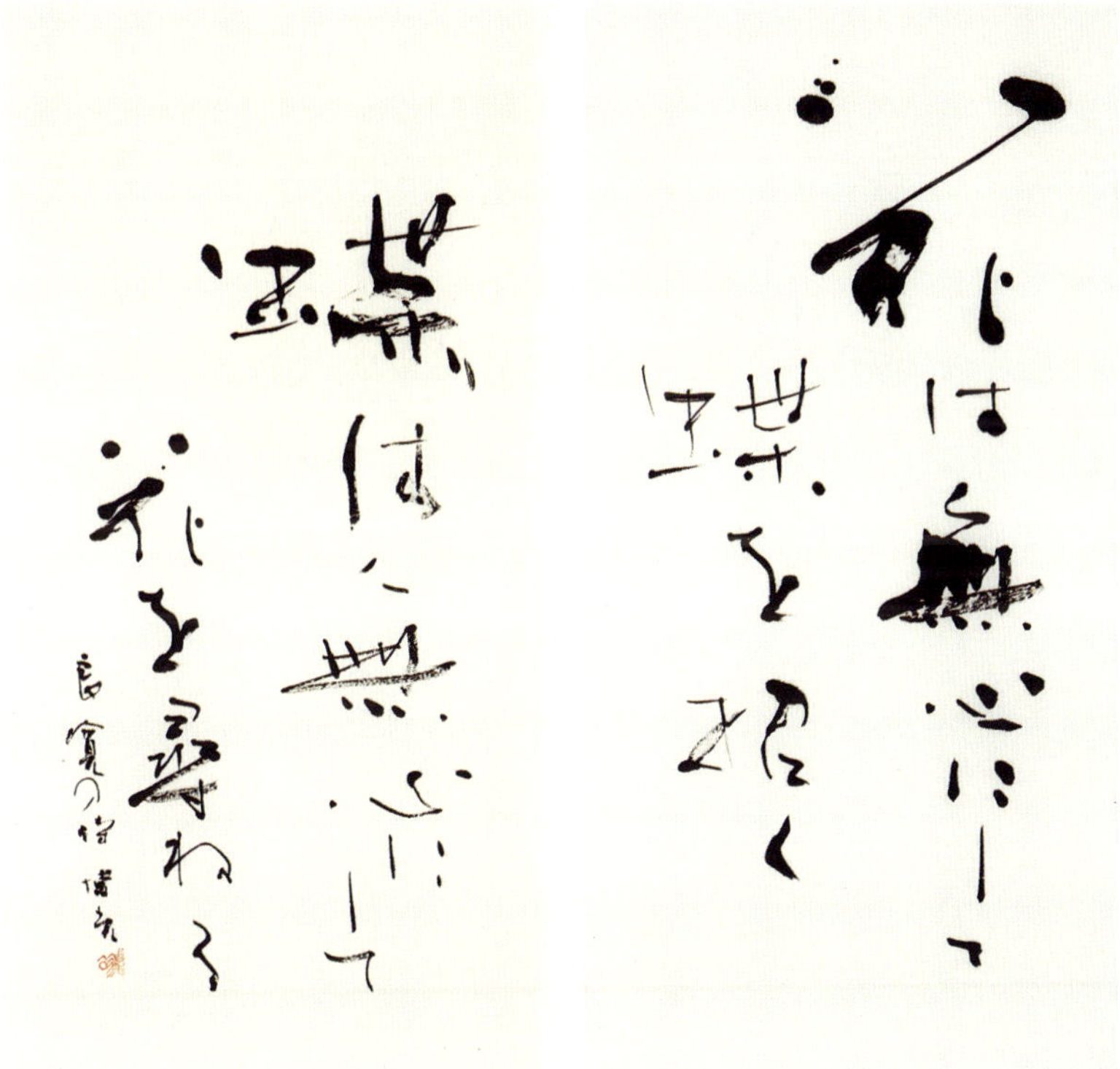
花は無心にして蝶を招く
蝶は無心にして花を尋ねる

70×35㎝×2

竹影掃階塵不動《ちくえいかいをはらってちりどうぜず》

アピールしなくても

五燈会元

月夜の晩、お堂に竹の影が映っています。風が吹くたび竹が揺れて塵を掃いているように見える。けれど塵はひとつも動きません。竹の箒はお堂を掃く役をさらりとこなしておきながら、跡を残さず、何事もなかったよう。手柄も褒美も関係ない、自由な行動がそこにあります。禅における「無心」に通じる風景です。

自分を育んでいくのに、人の評価はいりません。なのに、とかく修行の痕跡を形にして残しておきたくなる人がいます。残したものが親を喜ばせるかもしれないし、お金になるかもしれない。悲しいかな、それに執着して目的がブレてしまうことも。

竹の影ほど洒落たことは出来ないにせよ、自分の修行はさりげなく行い続けたいもの。あなたの近くにいるあの人だって、誰も知らないところで何食わぬ顔で、修行を続けているかもしれません。ことさらにディプロマを飾る人との見分けはつくはず。

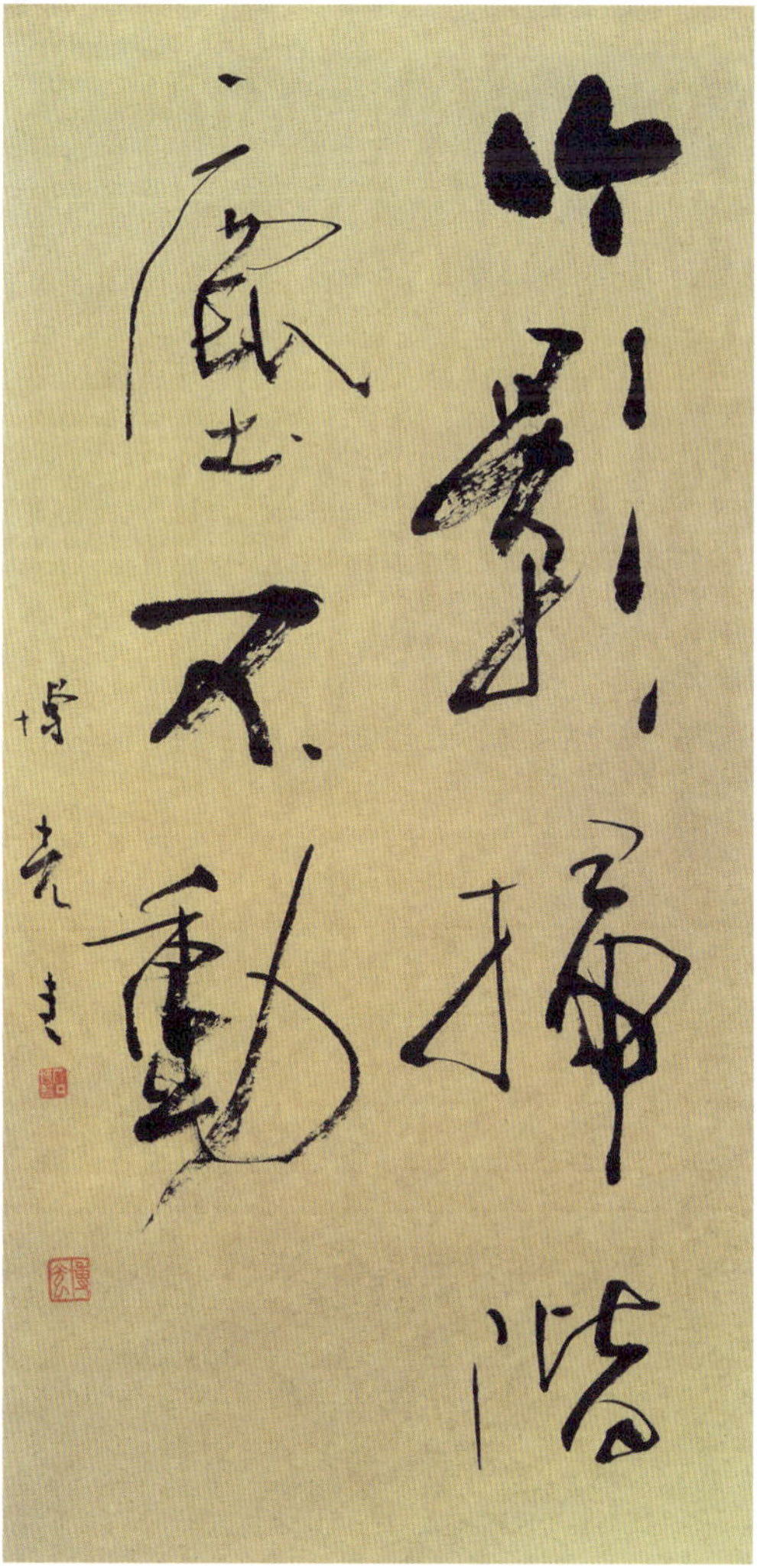

36×18㎝

一夜落花雨《いちやらっかのあめ》　満城流水香《まんじょうりゅうすいかんばし》

予想を越えた展開

古尊宿語要

美しい花を、叩いて落としてしまうほど降った昨夜の雨。

一夜明けたらすっかり晴れて、雨が潤した街は花の香りで満ちていた……。

美しい映画の情景のようなこの一晩の出来事は、ものごとが世の中に広まっていく様子を表しています。

雨は花を散らすつもりで降ったのではなかったのに、「なぜあんなに美しい花を落としてしまったのよ」と、雨を責めた私。そして明朝、雨は川の水となって花の香りを運びます。落ちてなお街中を香りで満たす花……。

人を責めるのはやめよう。起きた事をなげくのもやめよう。次になにが起きるのかわからないし、何のために起きていることなのか予想もつかない。人は、花は、雨は、ただ無心に自分の役割を果たすだけ。あの日の雨が教えてくれました。

125×25cm×2

閑古錐《かんこすい》

鋭いだけでは

碧巌録

職人さんの道具は、持つ指の形にへこみが出来て黒光りしたなんとも味のあるもの。これは世界中共通していることかもしれません。その存在感は、道具といえどもさまざまな素材を相手に仕事をしてきた長い経験に裏付けされたもの。説明がなくても、その道具を見ただけで歴史の重みを感じることができます。

さて、「閑古錐」とはそんな道具。使い込んで使い込んで先が丸くなった「きり」のことです。昔は鋭かったであろう「きり」。

ただ鋭いだけで攻めていた年月を経て、今は無駄な動きもいっさい必要なく、落ち着き、読み深く、しかし悟りの心境さえ忘れて、若い者の仕事ぶりを見て穏やかに微笑む老人に似ています。そんな先が丸くなった「きり」には迫力さえあって、尖っていなくても目的は充分に果たせそうです。

20×53（120×48.5）cm　表装　湯山春峰堂

落花流水《らっかりゅうすい》を送《おく》る

もてなしの極意

従容録

花びらは、風に舞い散ると、清流がどこかへ連れていってくれます。清流は、ただただ流れ、落ちてきた花びらを運んでいきます。

花は流されるために散ったのではなく、川は花を運ぶために流れているのではありません。どちらも相手から頼まれたわけでなく、どちらも恩をきせるわけではありません。その双方ともが自分の仕事を無心で全うしているからこそ、この図は美しいという禅語です。

もてなされる人ともてなす人の関係に、こんな無心が欲しいところ。

どうだおいしいだろうという押しつけと、誉められるための作意があっては興醒めです。もてなされる方が不遜では醜いし、謙遜しすぎてもつまらない。

落花と流水の関係が理想です。

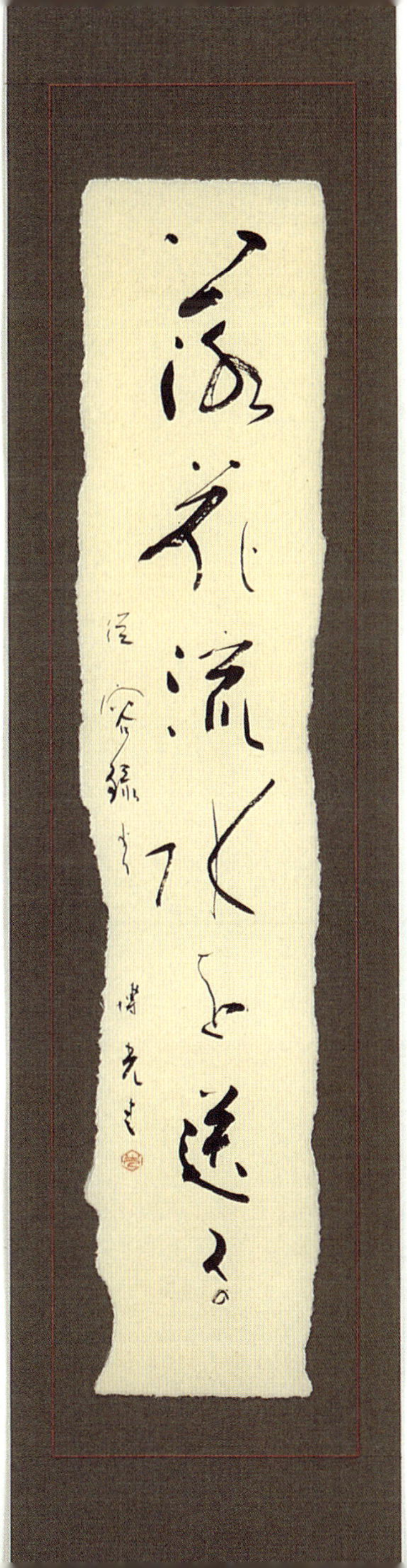

96.5×20（160×32）cm　表装　湯山春峰堂

看々臘月盡《かんかんろうげつじん》

命には終わりがある

虚堂録

テレビドラマでは毎日のように人が死んでいきます。ニュースでは殺人事件、新聞は訃報を伝えてくれます。そしてたまに身近な人のお葬式。人が死んでいくのを見る機会は日常です。

死んでその人の一生が終わる。自分の命も容赦なく尽きていくのだから、そのことから目をそらさずに「命に限りがあることをよく見ていなさい」という意味の禅語です。臘月とは十二月（陰暦）のことで、一年が終わるのと命が尽きるのをかぶせています。

一日一日、命は尽きていく。

ボーッとしているのが好きならそれでもよし。やりたいことがあるなら先送りにせず今日からチャレンジ。自分の身体と心に耳を傾けて、欲していることをかなえてあげられるのも生きていてこそ。人が喜ぶのを見るのが好きなら、双方が生きているうちに。お金儲けだって、命の尽きるまでです。そのお金を使うのも生きているうち。

125×23.2cm

紅《こう》爐《ろ》上《じょう》一《いっ》点《てん》雪《のゆき》

信念の人

碧巌録

あなたが赤々と燃える信念の人であったなら、ひとひらの美しい誘惑が舞ってきても一瞬のうちに消えてなくなってしまうというシーン。

一点の雪は、その痕跡さえ残すことができません。

炉はおおげさに爆風を吹かせて燃えているのではありません。

「俺は燃えているんだぞ！　見てくれ、毎朝4時に起きて坐禅組んでるんだ！」なんて声高に叫びません。静かにじっと燃え続けている激しさです。だれにも妨げられない強さを感じます。

世の中は甘い誘いがいっぱい。炉の温度が上がらないうちに外に飛び出すと、お金は使う、時間は無駄にする、雪は思うままに降り積もって炉は身動きできない雪だるま。

「修行中ですので誘惑一切立ち入り禁止」とシャットアウトする訳にはいきません。

あなた自身が真から燃えるしか、誘惑に勝つ方法はありません。

88×22cm

花枝自短長《かしおのずからたんちょう》

違いを認めて

圜悟語録

「日本と西洋はなんでも反対。靴には左右があるが下駄にはない。足袋に左右があるけれど靴下にはない」という漫才がありました。地球上にはそんな違いがいくらでもあります。

同じ地球にいながら、同じ太陽に照らされながら、キリストに祈る人、アラーの神を仰ぐ人、念仏を唱える人、そして坐禅を組む人。いろいろな人がいてこそ地球はバランスを保ち、豊かに調和しているのです。

それこそが禅語でいう「花枝自ずから短長」です。

同じ樹でありながら花の枝には短いものも長いものもある。それぞれの枝に違いがあるからこそ全体の姿が美しく整い、バランスがとれる。この自然の摂理は、人がそれぞれに個性を持って生きていいことを教えてくれます。

地球の全員が同じだったらどんなに恐ろしくつまらないか、歴史が証明しています。

30×54㎝

二、自分を見抜く

不識《ふしき》

知る必要もない

碧巌録

そんなことどうだっていいじゃないか。

知ってるとか知らないとか、偉いとか偉くないとか、大卒だとか中卒だとか、男とか女とか。背が低いとか高いとか、体重が重いとか軽いとか、若いとか歳だとか。既婚者だとかバツイチだとか、子供がいるとかいないとか。あげく年収がいくらだとか。

そんなことが私という人間を判断するのに必要なことですか。

昔、中国で、皇帝が達磨大師に質問をしました、「私の前にいるお前は誰か」。

大師はひとこと言いました、「知らない」。

それが「不識」です。知らなくていい。知ってどうする。知る必要もない。そんなレベルを超えたところに「不識」があります。

米国では履歴書に性別や年齢を書くこともありません。もちろん写真も貼りません。

14.8×9.9㎝

雲収山岳青《くもおさまってさんがくあおし》

自分がはっきり見えてくる

古尊宿語録

禅語は「あなたはあなたらしく、そのままでいい」と教えてくれます。「求めるものはすでにその手の中にある」とも言う。まともに聞いていたら、こんなに楽なことはありません。だって私は私のままでよく、欲しい物はすでに自分が持っているというわけでしょう。

おかしい。そんなに簡単なわけはない。

私は私のままでいいと言ったって、「私」は本来どういう人間なんでしょう。そこがハッキリしなければ「私らしく」がぼやけます。「私」の前に雲がかかってモヤモヤ状態。さらに、求めるものはもう持っているというけれど通帳の残高はあい変わらず。ということは……。私が本当に求めているのは何だったのかしら。これまた雲がかかって求めるものがなんだか見えない。

雲が切れて青々とした山が現れるように「私」の本来の姿をクッキリ見たいものです。

35×56cm

騎牛求牛《うしにのってうしをもとむ》

求めるものは、あなたの手にある

碧巌録

誰ですか？　牛に乗っていながら牛に乗りたいという人は。

誰ですか？　給料がよくて、社員のレベルが高くて、自分の能力を正しく評価してくれて、将来有望な会社に転職したいと探している人は……。それは今勤めている会社じゃないですか？

誰ですか？　狭くてもいいから四季折々に小さな鉢植えの花が咲いて、縁側に座ってお月見のできる家に住みたいと探している人は……。今、庭のがらくたを捨てて、壊れた縁側を修理すればそのとおりになりますよ。

誰ですか？　美人に生まれたかったといつも嘆いている人は……。自分の素肌と笑顔が美しいことに気づいていませんね。

求めるものは、外でなく内にある。自分の牛に、もう一度愛情を注ぐと思い出せます。いい牛だったこと、いい牛に乗っていたこと。

34.5×46（52.3×64）cm　表装　硯山

47　自分を見抜く

自灯明《じとうみょう》

依頼心を捨てなさい

釈尊

頼りにする人がいなくなっても生きていかなければなりません。

今まで頼りにしていたひかりがなくなったら、どうやって生きていけばいいのでしょう。そんなとき禅語では「自分が灯明」だということに気づきなさい、と言います。そして、これと対句になって「法灯明」という言葉があります。自分自身がまだ頼りないうちは、「仏の教えがともしび」になるというのです。仏の教えは、足元を照らすひかりになり、迷い悩む闇で道を照らしてくれます。「法灯明」を頼りに進むうち、やがて自分自身が「自灯明」となっていくのです。

こうして「自灯明」がともれば、もう人のせいにしたり、助けてくれないと駄々をこねることもなくなります。

あなたが進む道を照らしてくれるのは、消えることなくあなたの前に現れている羅針盤としての仏の教え。そして、そのひかりをまとったあなた自身なのです。

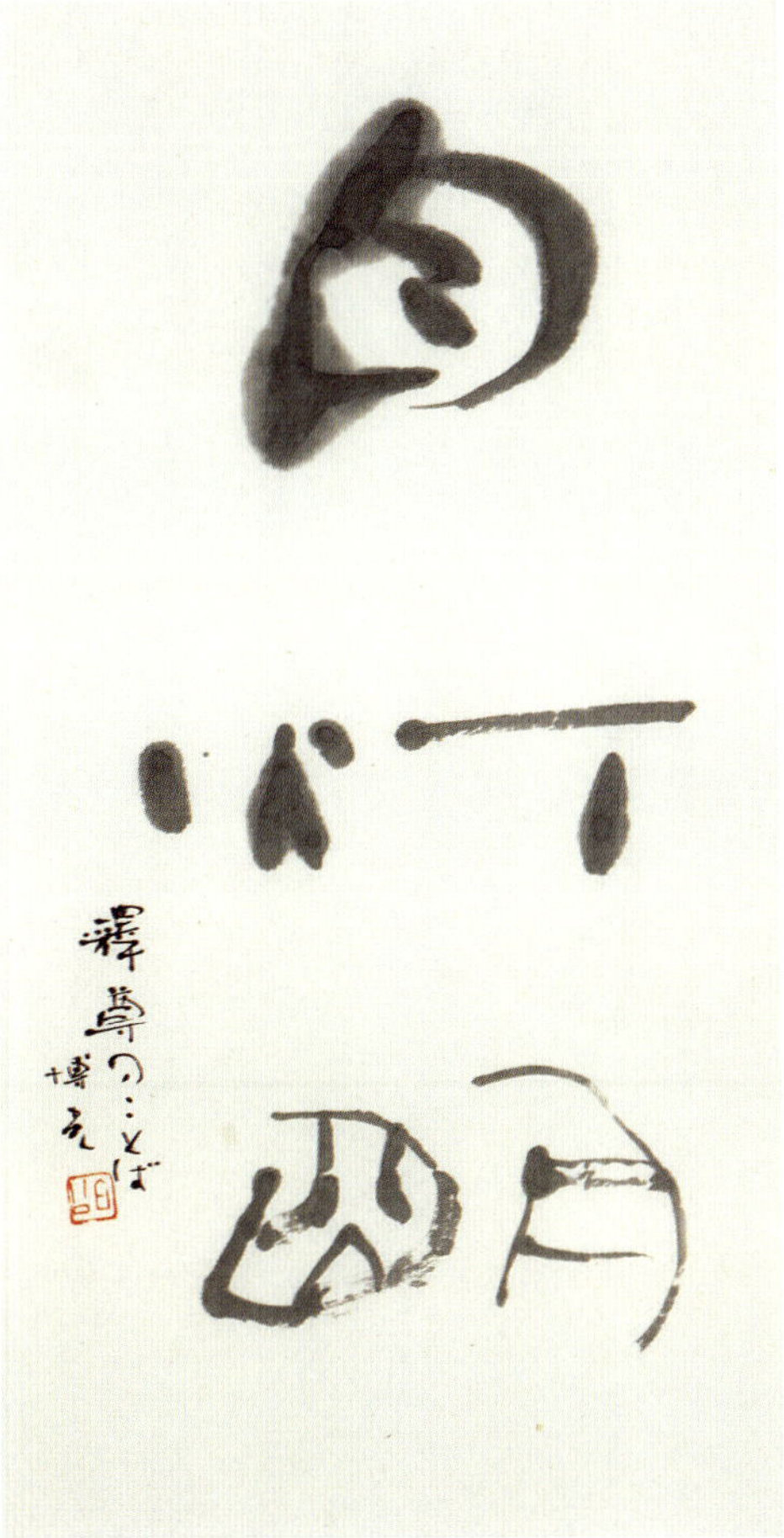

37.4×19.4㎝

随處作主《ずいしょにしゅとなる》

自分からすすんで

臨済録

美人レポーターが取材で訪ねて来たら、ほいほい出てくる社長。それは課長の担当じゃなかったですか？　まあ、よしとしましょう。積極的でなんでも自分から取り組んでくれるのは歓迎です。

しかしお客様からクレームが来たとたん、嫌がって出てこない社長はいただけません。いい時ばかりでなく、悪い時もどこでも主人公でいてください。クレーム処理だけ課長に押しつけるなら、美人の時も出てくるな！

「随処作主」とはどんな場所でもどんな時でも、いつでも主であれということ。片足を突っ込むのではなく、身体の軸ごと移動して、ものごとに全体重を投入する姿勢です。

禅語では対句でこの後に「立処皆真なり」と続きます。「随処で主であればこそ、その場所において真実が見えてくる、意味がわかってくる」というわけです。

クレームを避けて通っていたのでは仕事は進みません。随処に主となることを忘れずに。

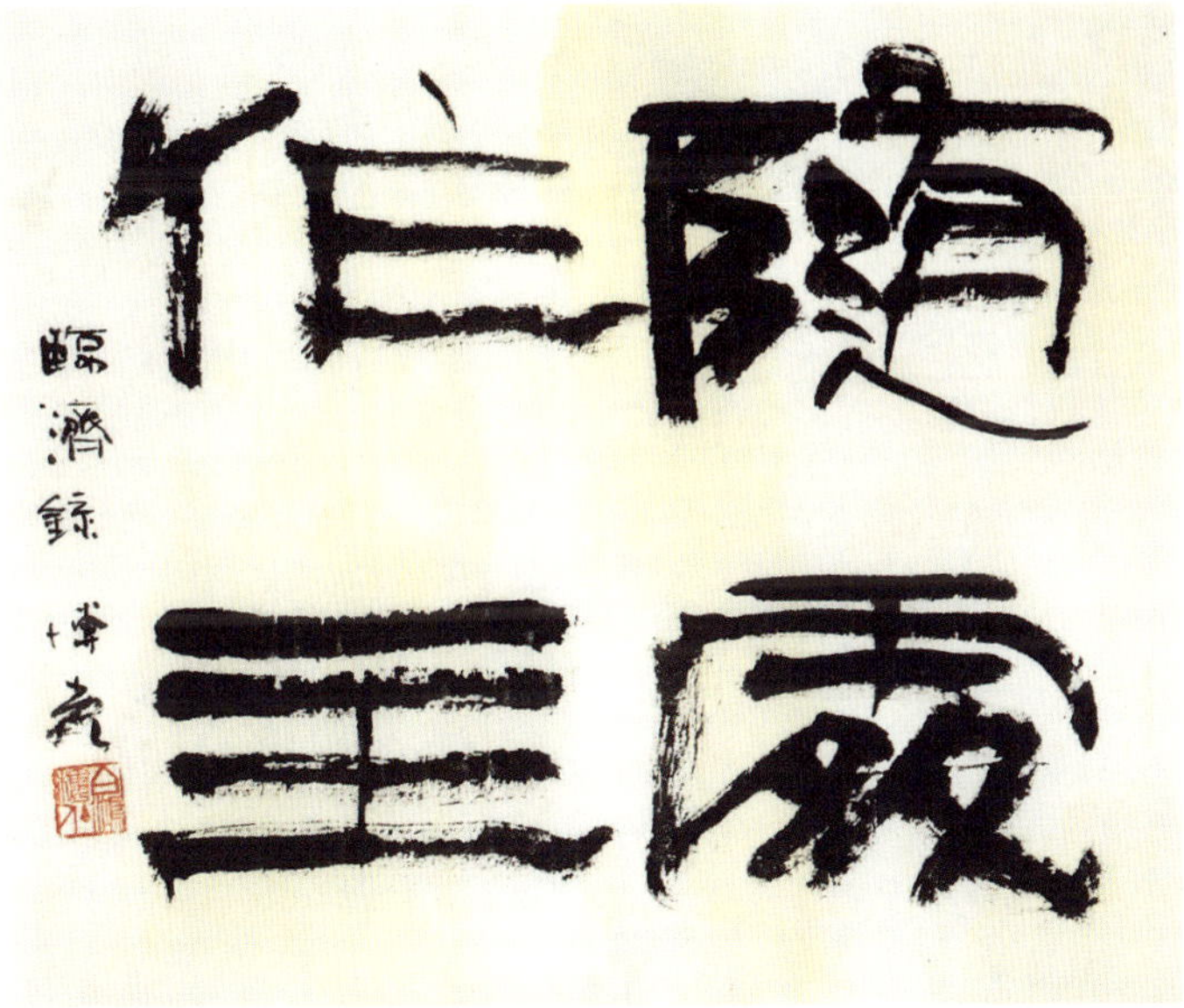

27×33㎝

山僧活計茶三畝《さんそうがかっけいちゃさんぽ》　漁夫生涯竹一竿《ぎょふのしょうがいたけいっかん》

これさえあれば　四朝高僧伝

「漁夫生涯竹一竿」。これさえあれば生きていけるというモノ。

この禅語では、漁夫は生計を立てるのに釣り竿が一本だけあればいいと言っています。釣り竿一本さえあれば生きていける。地位も名誉も財産もいらない。だから何にも遠慮せず執着もせずに、自由な心で楽しく豊かに生きていけるのだといいます。

あなたにとって「これさえあればいい」というのは何でしょう。

ちなみにこの言葉と対になっているのは「山僧活計茶三畝」。お坊さんは、小さな茶畑があればそれで暮らしていけるというわけです。肩書きとか華美な袈裟や高価な道具は、本来無用。

生計を立てる最低限を知ったら、物欲に惑わされず、余計な財産を持たずに自由の境地でのびのびと生きていけそうです。

ぜひ、あなたにとっての「釣り竿」をみつけて。

140×23.3cm×2

結果自然成《けっかじねんになる》

じっと待てますか

やれるだけのことを精一杯やったら、あとは自然に果実が実るのを待っていればいいのです。

選挙運動は投票日の前日午後8時まで。あとは待つだけ。はやる気持ちのまま宣伝カーで出掛けたら選挙違反でお縄です。いままでの努力も水の泡。

実が熟すのをじっと待てないのは、それまでの精一杯が足りなかったからかもしれません。土も耕さず、種も蒔かず、水もやらずに「芽が出ない！」はないでしょう。練習もせずコーチの言葉も聞かないで「なんで私は金メダルを取れないの？」なんて悩んでいませんか？

結果は自然に成るもの。金メダルが取れなかったのもまた、自然の結果だったのです。

果実は自然に成るものだから、それを信じて待ちましょう。やるだけやったら思い悩むことなし。この気持ちのよさは格別です。じたばたして墓穴を掘りませんように。

28.4×23.3㎝

鏡分金殿燭《かがみはきんでんのしょくをわかつ》

惑わされず、勘違いせず

禅林僧宝伝

「鏡」は自分が映すものに惑わされない。

どんなに豪華な宮殿の中にいても、絢爛に輝く蝋燭に囲まれていても、「鏡」は自分を勘違いすることなく、無心でその蝋燭を映し出します。

輝いているのは自分でなく、蝋燭であるということを知っているのです。そんな「鏡」のようであれ、という言葉です。

人によって対応を変える人は、はたから見ても嫌なものです。「鏡」の本分はありのままを映し出すこと。どんなに華麗でも、どんなに貧弱でも、「鏡」はただ無心で態度を変えず、映った相手を自分と見間違えることもありません。

廃屋に残った「鏡」は、無心に荒れ果てた部屋を映し出します。しかし「鏡」自身が荒れた心になるわけではありません。栄枯盛衰する世の中を共に生きながら、惑うことなく現実を、本質だけを静かに映し出すのです。

95×23cm

溪邊掃葉夕陽僧《けいへんそうようすせきようのそう》

周囲に振り回されず

夕日の差す川辺で、ひとりしずかに落ち葉を掃く老僧。

この風景が私たちに教えてくれるのは、無心で静寂な心境。そして忘れてはいけないのは、それが静かな山の川辺でなく、積まれた宝石の前であったとしても、きらめく照明とカメラの前であっても、同じ心境でいられるかということです。

落ち着きがなく浮き足立って、次から次へと現れる誘惑に弱いようでは、無理。

たとえば、あなたに日課があったとしましょう。朝、庭を掃くという日課。

前日がパーティでどんちゃん騒ぎ、二日酔いだから朝の庭掃除はパス、なんてとんでもない。ただ黙々と無心で庭を掃くことより大切なことなどないのです。どんなに偉い人に誘われたからと言ったって、お家の一大事と言ったって、庭を掃くことより大切かどうか。こんな事が、あなたが周囲に振り回されていないかどうかのバロメータになるのです。

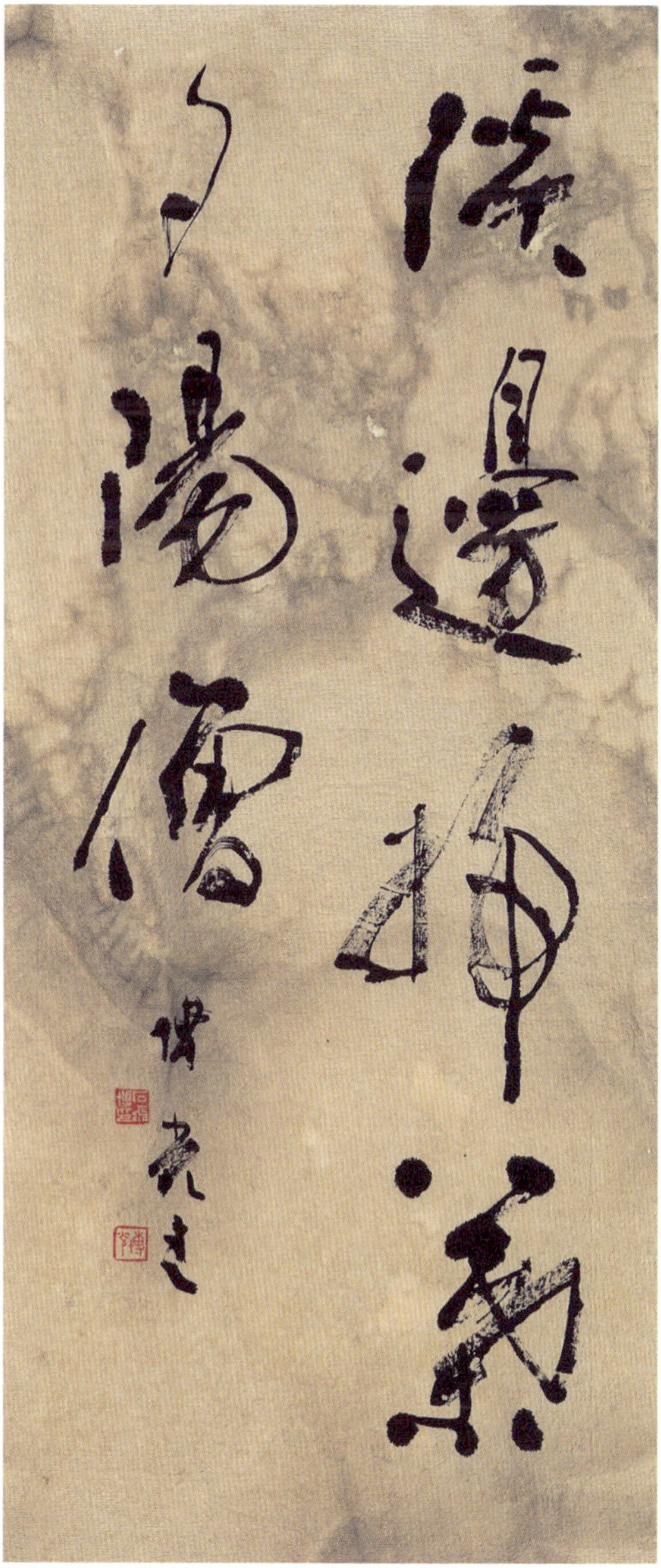

65×30cm

勢《いきおい》、使《つか》い尽《つ》くすべからず

調子にのるな

大慧武庫

誰でも勢いにのっている時は、調子に乗って突っ走る傾向があります。そんな絶好調の時こそ細心の注意をし、行動を慎むようにという禅語です。

勢いにのっている時は、力まかせに普段の用心深さも忘れ、人の助言も聞かなくなっているものです。アドレナリンが発揮され、自分が特別な人間のように思えてしまう時。誰でも、何度となく経験するもの。歳を重ねるごとにそれが永遠に続くものではないことを、皆学んでいきます。

勢いあまって本来の目的以外にも鉾先を向ける。勢いあまってついてくる人たちを見失う。勢いにまかせていると、弱いものが見えなくなる。勢いが人を傷つけ、自分の首をしめる言動に走らせる。だから、腹八分目でやめておく知恵が生まれました。

歴史をふりかえれば、勢いに陰りがさすのは敵側の要素ではなく、きまって自分が原因。怪我とか病気もそのうちです。

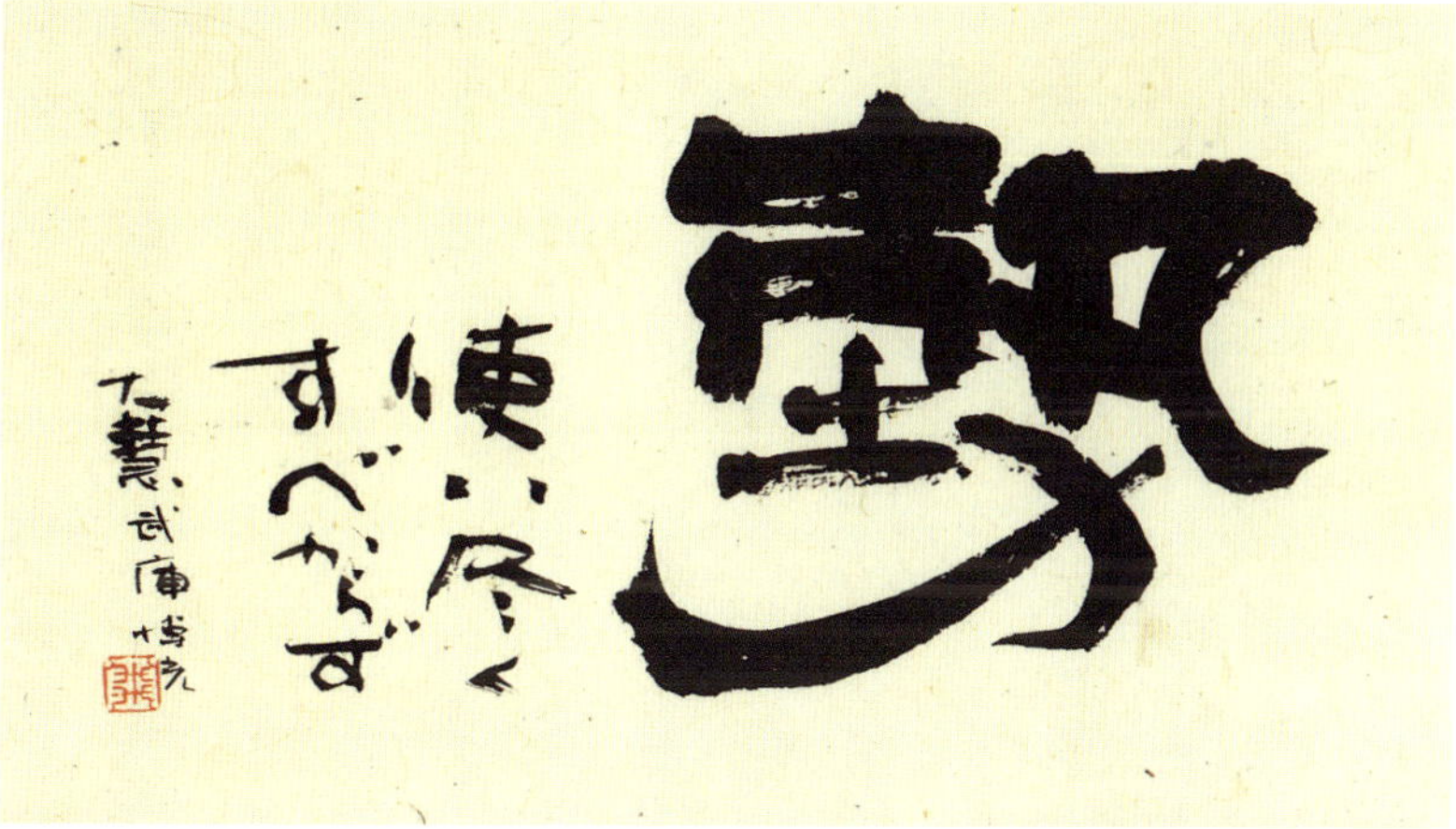

18×32cm

海神知貴不知価《かいじんたっときことをしってあたいをしらず》

価値あるものは仕舞い込まない

禅林類聚

海の神は、海に存在するものをすべて知識として知っているだろうけれど、その価値を知らないのではないか、という言葉です。

海の神があわびや真珠を売り出すわけではありませんから、価値を生かしていない、なんて決めつけるわけにはいきませんが、知識をふりかざす人を見て、本当に価値をわかってしゃべっているのかしら、と思うことはしばしばあります。

いただいたデパートの商品券は、大切なものだからタンスにしまってあるけれど、使わなければただの紙切れ。活用しなければその価値は生まれない。その商品券で母を喜ばせることが出来るかもしれないのに……。これも価値がわかっていないということになります。

あなたは自分が持っている力を知っていますね。思いやりの心や雲行きを変える力や勇気を持っている。その力は、しまったままですか。

37.4×21.6㎝

古今無二路《ここんにろなし》

賢者の行く道

禅林句集

中学を卒業してすぐ相撲部屋に入り、幕下、小結、関脇と相撲だけに邁進し、ついに横綱。引退して相撲協会の重鎮になったら、発言に重みと深さがありました。

町工場で親の手伝いをしながら仕事を覚え、油まみれになりながらも世界にただひとつの精密部品を作った社長のコメントにも、重みと深さがありました。

国際社会で外交に貢献し、かたわら出産と子育ての後、ひのき舞台に復帰して時節を得た国連での演説は、総理を圧倒する重みと深さがありました。

やり方は違っても賢者たちの行く道は、今も昔もひとつだと禅語は言っています。

今、目の前にある自分の責任を気を散らさずに黙々とはたして行くという道。

親が偉いから、環境が良かったから、親戚が有力者だから賢者になるわけではありません。

ノーベル賞もピューリッツァー賞も、古今無二路の延長線上にあるようです。

28.2×27.6㎝

竹篦《しっぺい》は竹篦《しっぺい》にあらず

姿かたちにとらわれず　　　無門関

禅の修行に使われる長い竹の篦《へら》のようなものをしっぺいといいます。この竹篦を題材にして修行僧に質問したのがこの禅語です。

これは竹篦か、竹篦でないか。

竹篦には違いないけれど、竹篦として使わなければこれはただの竹の棒である。燃やしてしまえばただの灰である。ではこれはただの竹かといえばそうではない。現在の形はまさに竹篦の形であるから竹篦である。では、これは何か。

般若心経を思い出してください。色即是空。空即是色。

形あるものは、即ち空である。空は、即ち形である。

竹篦は、即ち何物でもない。何物でもないそれは、竹篦の形である。

「姿かたちにとらわれず、物事の本質を見る目を忘れるな」という教訓です。

22.4×35㎝

夢中夢《むちゅうむ》

夜見る夢の作者は自分

正法眼蔵

眠って見る夢、これも真実の世界だと道元禅師は言いました。仏さまが見せてくれた真実だというのです。

あなたの見た夢は、あなたの記憶がつくったものとも言えます。それもそのはず、あなたの心が描いた夢です。いかがですか？　ヒーローもヒロインも、仇役もバイプレーヤーも、みんなあなたの知り合いばかりだったでしょう？

あなたが夢の世界を広げてみたいなら、起きている間に、具体的な想像を働かせてみることです。いくら仏さまが見せてくださるといっても、あなたの心に役者のコマがたくさんいなければ物語は広がりません。

夜見た夢は形を変えて、あなたの現実を後押ししてくれるようになるでしょう。

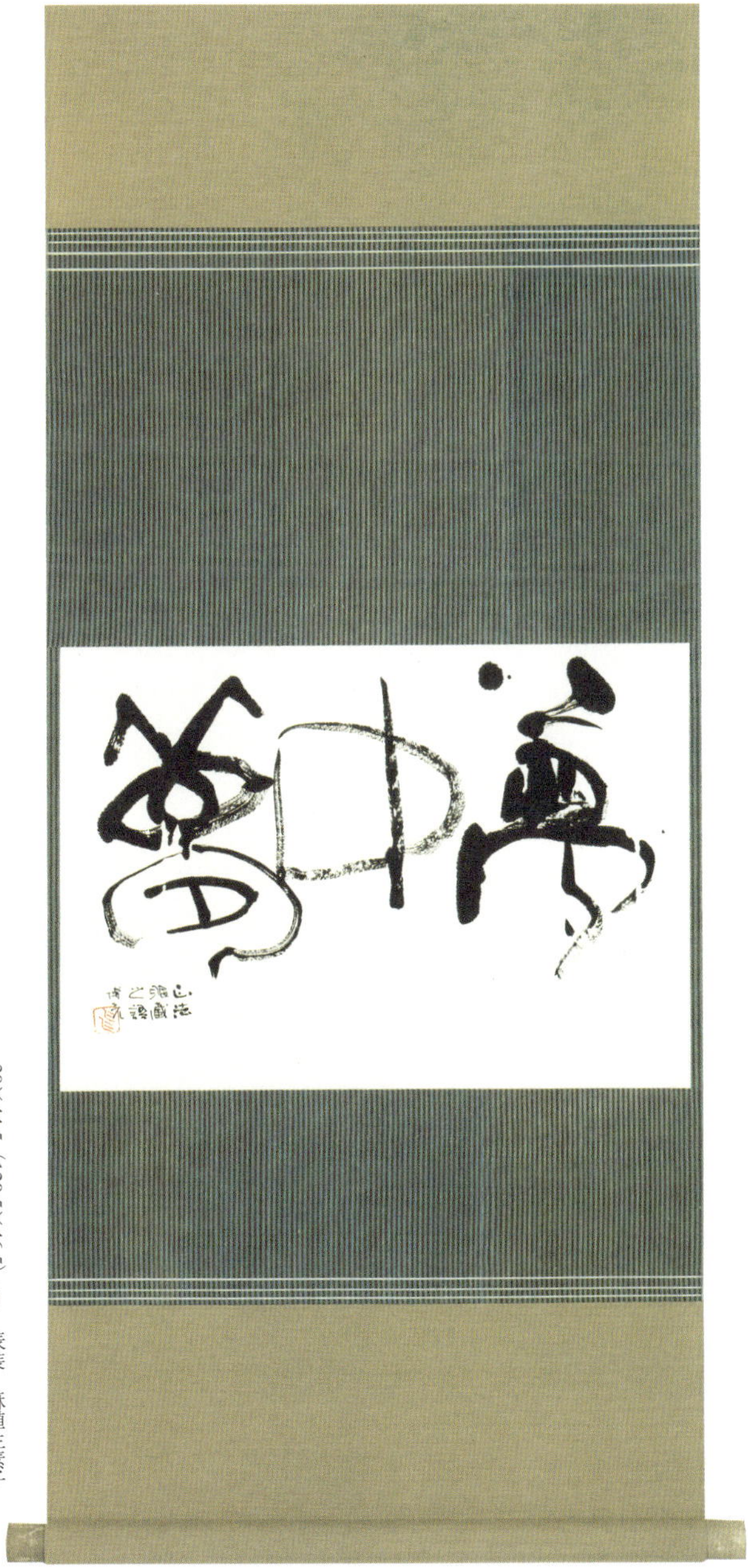

30×44.5（120.5×46.5）cm　表装　麻殖生素子

三、どうしたらラクになれるか

達磨安心《だるまあんじん》

不安のモト

無門関

安心しきった幸せそうな赤ちゃんの寝顔。そんな心境で過ごしたい。

でも、あなたのその顔、なんですか。いくつもの不安を抱えて、口はへの字に、眉間に縦じわ。何がそんなに不安ですか?

不安をなくす方法を達磨禅師に聞いたら、不安の種を持ってこいと言われた。探したら無かった。不安がないならそれこそ安心じゃないか、という話がこの言葉の由来です。

今でも同じです。不安を消す方法は、不安のモトを探すことからはじまります。だまされたと思ってやってみて下さい。あなたの不安さがし。コツは不安の本当のモトのモトまで突き進んでいくこと。不安の種の一歩手前で止まってしまうと、不安が不安を呼んでしまう。

お化け屋敷では目をつむった方が怖いでしょう。よく見て、そのお面をとれば、ただの大学生のアルバイトってなもの。

20.6㎝

花謝樹無影《はなしゃしてきにかげなし》

蕾の季節はおとなしく

碧巌録

役者は「待つ」のが商売だといいます。自分を生かすいい役が来るのを、じっと待つ。ライバルがどんどん主役をとって人気がでてもあせらず、今は自分の季節ではないととらえて、中途半端な役に飛びつかない。出掛けるのはダンスの稽古だけ。行けば次から次へと新人がデビューする話。自分のデビュー当時を思い出す。才能があると書いてくれたマスコミ。褒めてくれた監督。貯金は底をつく。友人が心配して、就職の世話をしてくれるという。でも禅語に「花がしぼんで木に影もなし」とある。冬のあいだ花をつけない裸の木は、死んでしまったのではなく、次の春に向けて花を咲かせるエネルギーをたくわえているのだと。

連日120%の力を出し切って演技していた役者が、限界を感じたからニューヨークに勉強に行きたいと降板した。今は自分にとって蓄積の季節なのだと、鏡の前で覚悟した。

70×34cm

下載清風《かさいのせいふう》

積み荷を降ろして軽々と行こう

碧巌録

積み荷を降ろして軽くなった船が、清風にのって軽やかに航海する、という言葉です。両手にいっぱい、肩から下げた荷物も背中に背負った荷物も、全部降ろした気持ちよさ。飛ぶように歩けるその時の気持ちは、誰でも経験したことがあるでしょう。この禅語はそのことを教えてくれています。そう、降ろすのは心の荷物。

心の中の迷いやこだわり、嫉妬心や心配や執着心も、ぜ～んぶ港に降ろしてしまったらどんなに気持ちがいいものかと。

もう、余計なものは積まないようにしよう。いつの間に心にあんなに荷物をしょいこんでしまったんだろう。こんど荷物に出会ったら、目をつむらずに向き合って断ろう。二つに一つの選択をせまられたら、二つとも捨ててしまおう。この船以外に生きていくのに必要なものなどないはずだ。そう、船が健やかなら人生は自然の清風が運んでくれるはず。

34.7×46（51×68）cm　表装　佐久間太熙堂

任運騰騰《にんぬんとうとう》

悩みを探しに出かけない

景徳伝燈録

「ケ・セラ・セラ」も禅語です、と言いたいところ。

これから起きることはケ・セラ・セラ。なるようになります。こちらスペイン語。風にまかせてニンヌン・トウトウ。運に任せていればよし。こちら禅語。

明日のことであろうと、十年後のことであろうと、将来のことに思いをめぐらせて悩んでいる人のいかに多いことか。禅の教えは、今を生きよと言っています。今を精一杯生きる。今日を充実して生ききる。その積み重ねが将来となるのです。将来を考えるより、今自分が取り組んでいることは何なのか。それは意味のあることなのか、やり方は間違っていないのか。

どうです？　今のことだけで確認することは山ほどあるのに、将来のことまで考えていられないはず。わざわざ悩みを探しに行くなんてやめておきましょう。明日は明日の風が吹く。

46.5×20㎝

悟無好悪《さとればこうおなし》

何にも縛られず判断しよう

信心銘

あるがままを認められるようになったら、好き嫌いなどなくなるという禅語です。

好き嫌いを決める基準とは、いったいなんでしょう。テレビで見る著名人を、好きとか嫌いとか振り分けていても、いざ嫌いだと思っていた本人に会ってみるとファンになる人がいます。好きだった人に幻滅する場合もある。だから最初に好き嫌いを決めつけてしまうのは、世界を狭くしてしまうことになりかねません。人だけではありません。食べず嫌

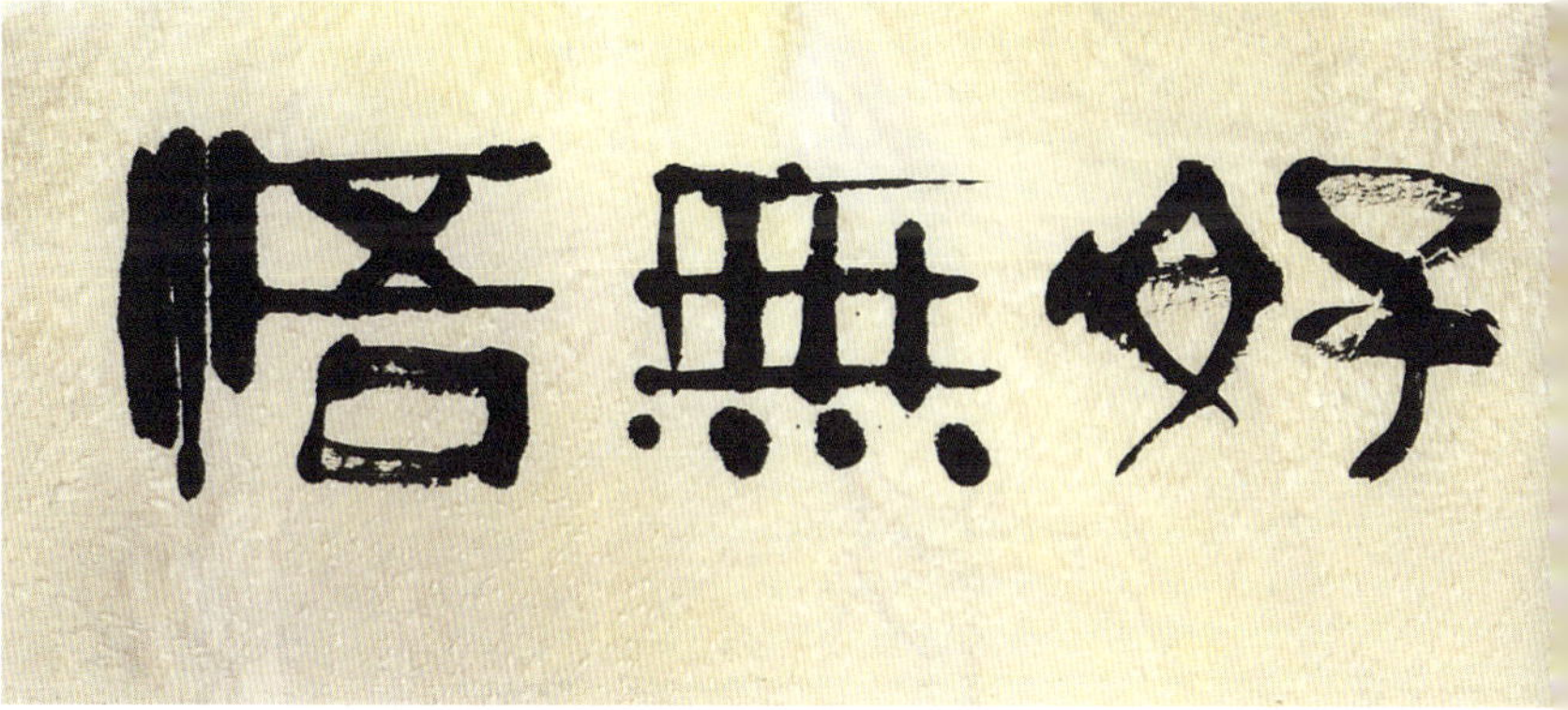

21×65㎝

いはその最たるもの。なぜ味わったこともないのに嫌いなどと言えるのですか。先入観で決めるのはもったいない。

へたな判断をするよりも、まずは会ってみたらいかがでしょう。

どんな人か、どんなものか、どんな味か。前評判に縛られずに、輪郭も中身も納得するまで観察すること。すると、その存在そのものを認めることが出来、好き嫌いなどなくなって世界がグンと広くなるというわけです。

担雪填井《ゆきをになってせいをうずむ》

ムダなことはお嫌いですか

毒語心経

無駄な話はしない。無駄なものは食べない。無駄な人とつきあわない。あなたの周囲から無駄なことをなくしたら、まことに効率の良い人生になるでしょう。出かけないから化粧をする必要がない、靴も洋服もバッグもいらない。歩かないから転ばない。怪我もしないからお金は貯まる一方。いいことづくめ。

しかし、なんだかつまらない。これまでの人生をふりかえって見てください。あの無駄な長旅で妻に出会い、あの無駄だと思った仕事で仲間の優しさに触れ、病気という無駄の骨頂でやっと人間の弱さを知り、破産してなお笑顔で迎えてくれた母の愛に涙した。

井戸を雪で埋めようとするような無駄な仕事。無駄な努力。それは確かに手柄を求めた努力でなく、結果だけを狙った努力でもない。

この禅語は、そんな無駄な努力ができる心こそ大切だといいます。

65×21cm

百雑砕《ひゃくざっさい》

こっぱみじん

景徳伝燈録

心の中のモヤモヤした煩悩をこっぱみじんに打ち砕いてしまえ！

禅のお坊さんの厳しい一言。捨てるだけではだめ、もっと過激に粉々にです。

百雑砕した後は、心が軽くなり、捨てただけと違って修復・再生できる可能性もないので未練も持てず、きれいさっぱり人が変わったように陰がなくなることでしょう。

こっぱみじんを実行するのは、あなたを悩ませ迷わせ惑わせている煩悩が対象です。嫉妬する心。人をうらやましいと思う心。どうしても手放したくないと執着する心。人に尊敬されたいと願う心。人を差別する心。人のせいにする心。

こんな心を思いっきり破壊してください。

迷いのひとつひとつを解決しているより、いっそ思いきって、強い気持ちでこっぱみじん。

69×34.5（95×50）㎝　表装　硯山

松《まつは》直《なおく》棘《いばらは》曲《まがれり》

まっすぐな人と曲がった人

禅林類聚

松はまっすぐ育ち、イバラは曲がりくねって育ちます。どちらもそれが自然です。お互いを真似ることはないし、自分の姿を恥じることもない。ましてやどちらが上でも下でもありません。松は松。棘は棘。禅語お得意のあたりまえの話です。

まっすぐ育つ松だけなら世の中はつまらない。曲がったイバラだけでも景色にならない。生きていて飽きない宇宙は、さまざまな個性が存在しているからです。それぞれが自分の個性を偽らず遠慮せず、のびのびと生きてこそ世界は豊かといえるでしょう。

ところで、あなたはどんな個性を持っていますか。

人を真似たり、人と比べたりすることなく、あなた自身の個性を存分に発揮していますか。どんな顔をしているのか、今さらながら鏡をよく見て、自分の声をよく聞いて、心の反応をつぶさに感じることで自分を知ることが出来たら、今日からあなたも自然に生きてみませんか。

36×46㎝

古尊宿語録

風《かぜ》従《より》花《か》裏《り》過《すぎ》来《きた》香《って》

影響しあって人生

花々の間を過ぎてきた風が、花そのもののように香っている。もともと香りのない風が、花に出会って影響を受けたのです。それにしてもなんと美しい文字並びでしょう。こんなに美しい影響ならいいけれど、私たちが行動する限り、そこのところは選べません。影響を受けた方がいい場合は気楽ですが、これはよくない影響を受けそうだと、かたくなに拒否する硬直な態度だとなおさら深みにはまってしまうこともありがちです。いっそのこと、恐れることなく花に出会い、花の間をくぐりぬけて香りを運んでみましょう。出会うことも修行、運ぶことも修行。無心でいればいいのです。

たぶん、私たちが最初に影響を受けたのは父と母。そして父と母も子供の影響で時代をとらえ、人間の育つたくましさを学んだかもしれません。

どちらも影響を受けたくないと逃げられるものでもなし、影響こそが人生を形づくるのです。

140×23.5cm

行到水窮處《ゆきてはいたるみずのきわまるところ》

いつのまにかたどり着く

終南別業

子供たちはすぐ「なんで」「どうして」と聞きたがって、答えていると調子にのって「だからなんで」「だからどうして」。やがてうるさいわねえと追い返される。あの質問攻めにどこまでもつき合ってみたことありますか。最後に「わかった！」と言わせたことありますか？

せせらぎの音と戯れながら、山の中を気のむくままに歩いていたら水源にたどりついてしまったということの言葉。リラックスした自由な散歩気分が伝わってきます。でも、含んでいる意味は、私たちに無心の醍醐味を味わせてくれます。水源を探そうと躍起になって歩いていた時はみつからなかったのに、力が抜けたとたん、ものごとの本質がひょいとつかめてしまうことがあります。

こどもの「なんで」という質問も、言葉で押さえこもうとしているうちは「なんで」が続くもの。体験で納得させてあげませんか。

120×23cm

別《べっ》に是《こ》れ一壺《いっこ》の天《てん》

表札ごとに世界あり

禅林類聚

目の前のマンションの一戸一戸。よく見てみると……。
嫁姑宣戦布告の家、夫婦円満だが貧乏な家、とんびが鷹を生んだ家、相続問題で喧嘩の絶えない家、静かに暮らす老夫婦の家、めったに夫の帰らない家、毎日宴会で賑やかな家。

ひとつひとつの家が「世界」を作り上げています。その家特有の価値観があって、その家のけじめがあって、味噌汁の味もそれぞれ違う。

ひとつの壺の中に「世界」があって、別の壺には別の「世界」があることを教えてくれる禅語です。今、自分が入っている壺を客観視して見ることができたら……。

素晴らしく見えれば幸い。もし、今いる壺にばかばかしい諍いが起きているようなら、心機一転、別の壺に飛び込むことだって出来るんだよ、と勇気づけてくれる禅語なのです。そうして幸せを掴んだ人の話をよく聞きます。

45.6×34.2cm

香厳上樹《きょうげんじょうじゅ》

ピンチの時は

無門関

香厳という和尚さんが出した難問です。

樹に上って口で枝をくわえている手も足もでない状態で、急に下から人生一大事という質問をされたらどうするか、というのです。さあ大変だ。

この禅語は、絶体絶命のピンチの時こそ頭で考えるなと教えてくれています。

その時こそ、自分が一番やりたいことをやり抜け、というのです。

樹に上っていることを忘れて突然立ち上がって答えたとしてもよし、枝をくわえたまま心で答えてもよし。答えることに集中して樹から落ちても本望。人がどう見るだろう、怪我をしないで答える方法はなんだろう、よくやったと褒められるのはどんな方法だろうと考えているようではピンチは切り抜けられない。

自分が今やっていることに自信を持って、ピンチに立ち向かえと言っています。

31.2×34.8㎝

鶏寒上樹鴨寒下水《とりさむくしてきにのぼりかもさむくしてみずにくだる》

方法は皆違っても

景徳伝燈録

にわとりは寒いと樹に登り、鴨は寒いと水に入る。寒さに対して同じ鳥でもこんな風に違う方法をとるのだから、私たちも十人十色でいいじゃないか、という禅語です。同じ目的でも人によってまったく違う方法を取ることはままあります。たとえばダイエット。

やせたい気持ちは一緒でも、やせるためにダイエット食品を食べる人と、やせるために食べないという方法をとる人。どちら

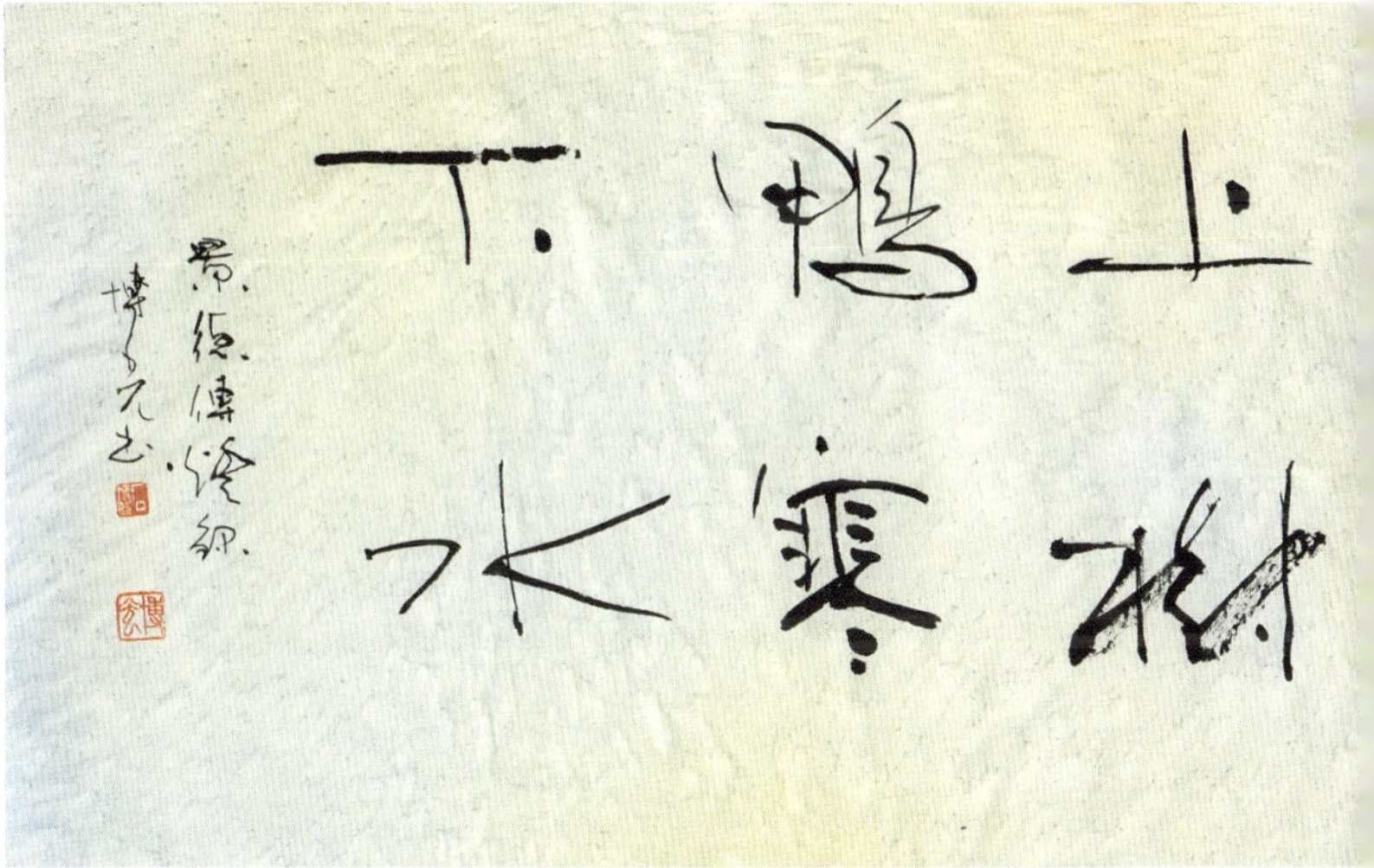

18.2×39㎝

がいいとか悪いとかではなく、人の勧めでもなく、自分が納得して自分の体質に合った方法を選べる自由が大切です。

勉強の方法も同じ。友だちと集まって勉強するのが好きな人。ひとりでないと集中できない人。でも合格したいという気持ちは一緒です。あの人は勉強会に参加しないで、ぬけがけしようとしている、なんて決めつけは意味がありません。

自分のやり方をひとつひとつ見つけることで、人生は少しずつ過ごしやすくなります。

関《かん》 南《なん》北《ぼく》東《とう》西《ざい》活《かっ》路《ろ》通《つうず》

やるだけのことはやってから

大燈国師

そこさえ通過できれば、あとは東西南北どこへでも自由に道が続いている、という言葉です。

その「関門」さえ通れれば。「関」とは関所みたいなもの。悟りへ続く関所です。煩悩が邪魔したり、理屈だけだったり、迷いがあったら通り抜けられません。でも、そのあとは誘惑といってもいいくらい、南北東西どこへも道が通じているなんて、世界中どこへでもフリーパスでどうぞってなものです。修行が終わったら自由が待っている、どこへでも遊びに行っておいで……。実は修行に終わりはないのですが。

煩悩から解き放たれた瞬間、東西南北に道がパアッとひらけるような、本物の自由が待っているよということです。

厳しいような、優しいような、先輩からの思いやりある楽しい言葉に聞こえてきます。後輩に「がんばれ」と声援しながら筆をとる姿がイメージできます。

興

南北東
西諸路
通

大燈國師之語
峰先生

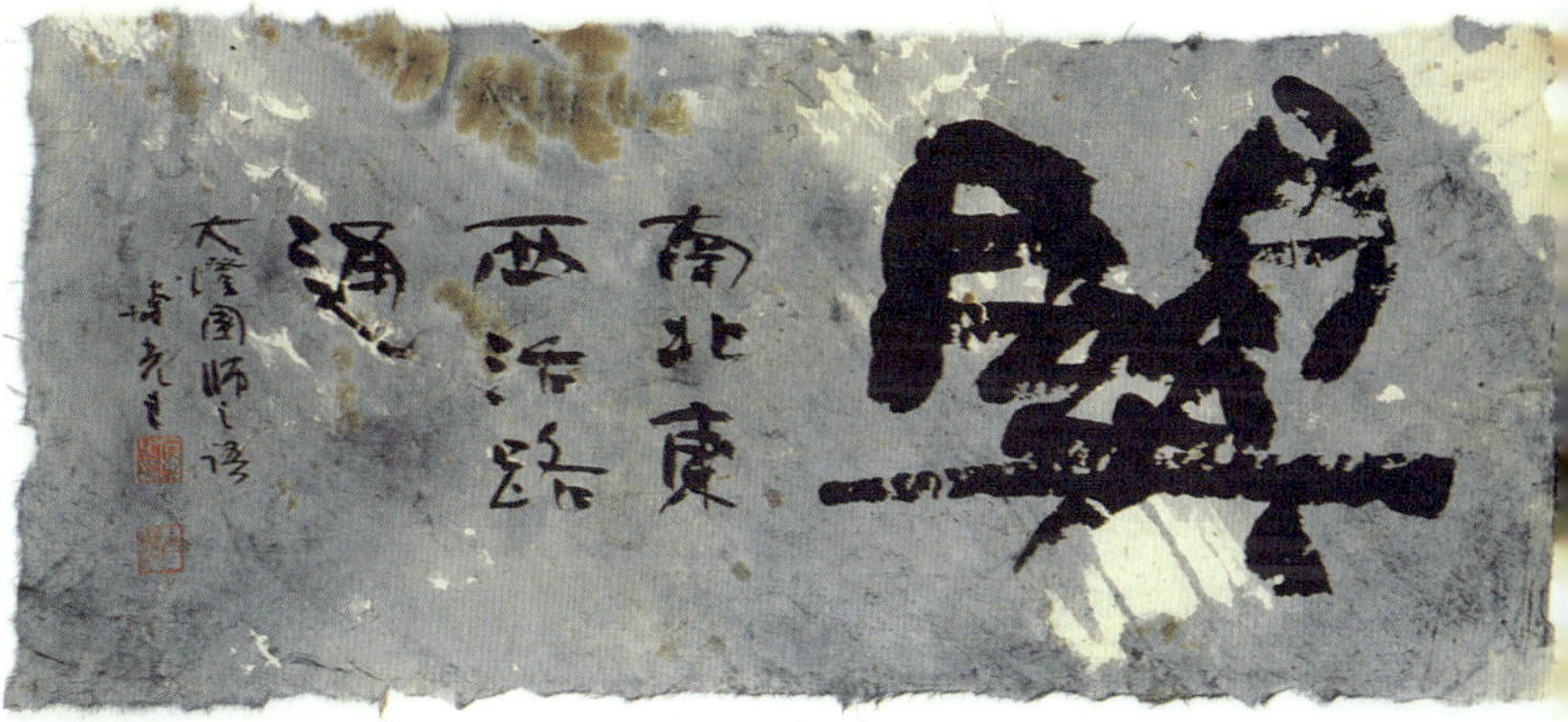

四、もう一度、あたりまえのことから

いろは

修行の最初と最後に

龐居士語録

いきなりオペラを歌おうとしたって、声は出てくれません。

まず身体の力を抜く。姿勢を整えて胸を開き、いっぱいに空気を吸えてこそ身体全体が楽器となって声を響かせてくれる。そこまでが、歌の「いろは」。イタリア語の歌詞は二の次です。

「いろは」とは物事の基礎、家の土台。あまり面白いところとは思えない。何ごとにつけ基礎練習なんていうのは退屈です。地味で、しかし奥が深いのがやっかいです。

でも、ここをすっとばして、楽しくかっこいい応用編から入ろうとしても無理。横着やあせりは禁物です。物事をきちんと修得するには、やっぱり「いろは」が大切です。

急がば回れ。最初は足腰を鍛えて、かまえができるようになるまでは「いろは」を学ぶ。そのあとやっと、醍醐味に近づける長い道が見えてきます。その道すがら、いつでも忘れてならないのも「いろは」。修行の最後にやっとわかるのも「いろは」。

35×18cm

挨拶《あいさつ》

自分から

碧巌録

朝はおはよう、夜はこんばんは。しかし、禅語でいう挨拶は習慣でするものではありません。「挨拶」とは人と人の間に積極的に切り込んでいく「行動」のひとつです。だからオリジナリティがあっていい。挨拶するタイミング、声のトーンや強弱、新鮮な言葉。自分なりの「挨拶」こそが、自分なりの人間関係を作ることになります。

劇場で席に座る時、隣の席の方に「よろしくお願いします」。4時間の大作を見るあいだ、気分がよいことでしょう。田舎のたんぼ道では、知らない人でも「こんばんは」。挨拶ひとつに含まれる情報量は膨大で犯罪も減ります。山登りで行き交う人が「こんにちは」。雪男でも熊でもないことが証明されてホッとします。

人と会ってご挨拶。その人に近づいていく心がなければ、かたちだけのただの文字。まさに人間関係の「いろは」です。

28×21（120×31.5）cm　表装　麻殖生素子

春来草自生《はるきたらばくさおのずからしょうず》

自然の流れに逆らわず

禅林句集

その年齢にならなければわからない心境。その時が来なければわからない心境があります。

春が来れば、草は自然に生えてくる。草が自分の意志で生えてくるには、その時を待つ以外にない、という禅語です。

親がどうの、上司がどうの、先生がどうのと言ったって、言われたから仕方なくやっているうちは芽は出

10.4×31.5㎝

ません。本人ひとつも気が入っちゃいない。にこにこしながらやっているのは顔色を窺うからで、嫌なら嫌と言う方がましかもしれません。

自分からやる気にさせるには、その「時」を待つことです。今からやっておけば将来有利だとか、コツを教えてくれれば若くたって修得できるはず、と思うのは拙速。

無理矢理秋に芽を出してみたら、幼いうちに冬が来て、いっぺんに凍えてしまうのが関の山。自然の流れには逆らえません。

帰家穏坐《いえにかえりておんざす》

迷ったら帰るところ

大慧書

あっちへ行ってぺちゃくちゃ。こっちへ来てぺちゃくちゃ。

広い世間には、必ず悟りのきっかけになる出会いや、いい方法があるはずだとウロウロ。

悟りの境地に至れないのを環境のせいにして、東京ではないのか、北陸ではないのか、ローマかもしれない。やっぱりインドに行くべきか……。

「まあまあ、落ち着きなさい、うろちょろしないでまずは家に帰りなさい。そして黙って坐ってみなさい。そここそが本当の自分の場所であるとわかるはず」というのがこの禅語です。

そのためにも「家和万事成」（150頁）が大切です。みんなが寺で坐禅を組んでいるからと、真似する必要はありません。

迷ったら、お帰りなさい。

35×46cm

喫粥了《きっしゅくりょう》

茶碗は洗ったかい？

無門関

禅寺の朝食はお粥です。太陽と雲を読みながら八十八日に渡って育てられた米を、大地でろ過された水で研ぎ、火をおこし粥を炊く。千年たっても変わりません。

食べるのも一緒なら、食べ終わって茶椀を洗うのも一緒。千年たっても変わりません。そして、これこそが「喫粥了」。作って、食べて、片付ける。これが修行のすべてです。水を使わずに「気」で洗えとか、食べ終わったら木っ端みじんに割ってしまえとか……、まさか。特別な修行なんてありません。食べたら洗う。あたりまえのこと、やっていますか。

食べ終わって茶椀を洗うのに、夫がとか妻がとか、忙しいとか暇だとか、稼ぎがいいとか悪いとか、まったく関係ありません。

日常生活のすべてが修行です。禅寺では炊事係を「典座」といい、食事を作る心を修行とし、食べる時も「五観の偈」を唱えます。

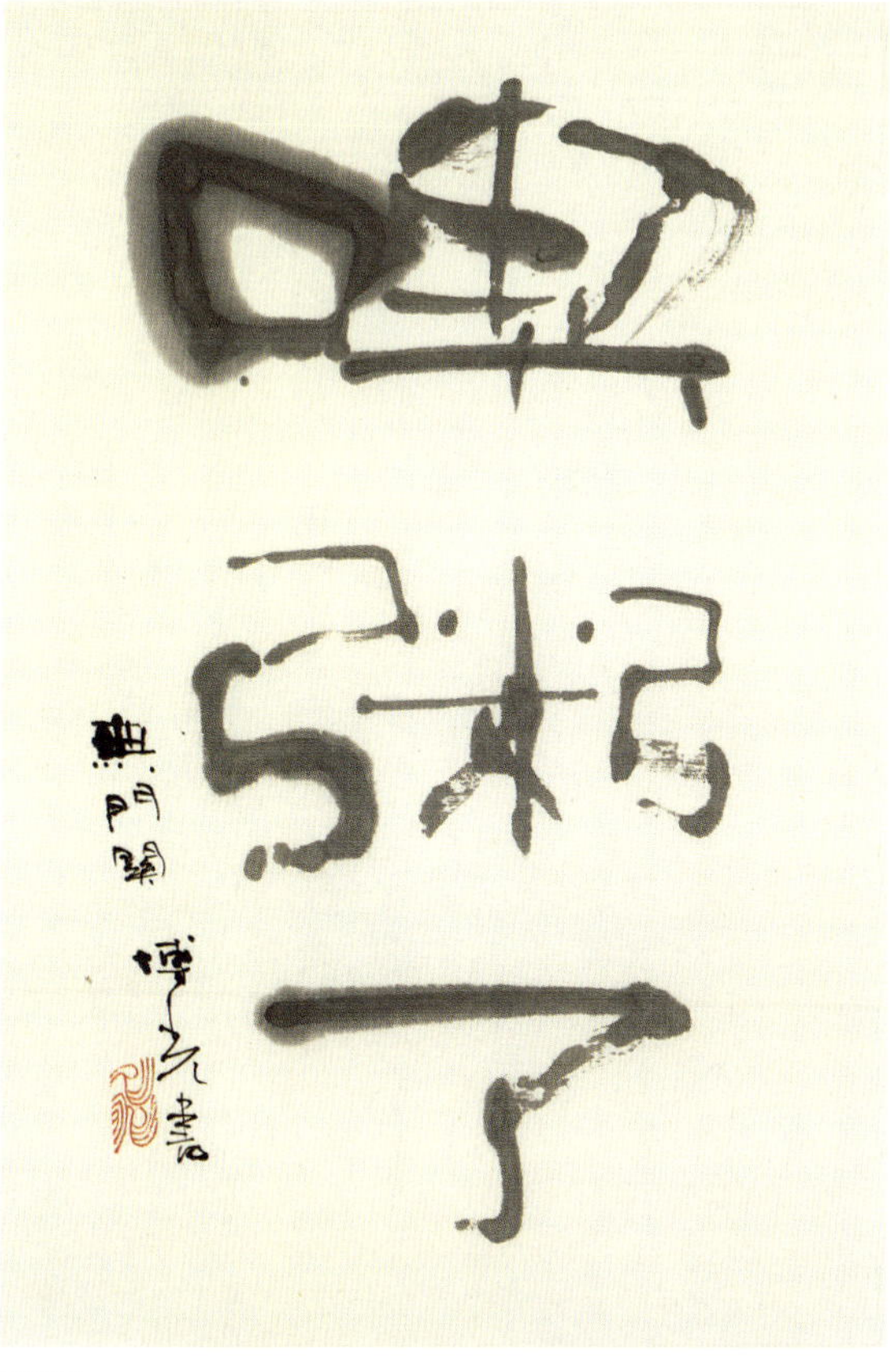

35×24cm

忘筌《ぼうせん》

マニュアルを忘れてこそ　　荘子

「いらっしゃいませ」、「コートをおあずかりします」。

最初は、接客マニュアルのとおりになぞって仕事をはじめます。しばらくすると、出来のいいのと悪いのが出てくる。マニュアルを手放さず一言一句丸暗記して実行している、どこが悪いと言う社員。一方、マニュアルから離れた社員がお客さまを心からお迎えする。「いらっしゃいませ」と言わずに「お久しぶりでございました」とマニュアルにないセリフ。

目的を達したら、それまで使っていたマニュアルは忘れましょう。暗記が目的だと勘違いしないように。魚を捕ったら、もう漁具（筌）のことは忘れようというのがこの禅語です。

あくまでも、忘れていいのは手段です。初心はお忘れなく。

34.6×69.2（52×94）㎝　表装　湯山春峰堂

画餅充飢《がべいじゅうき》

本当に役に立つ？

景徳伝燈録

その地域振興プラン、大丈夫ですか？　絵に描いた餅になっていませんか？　役に立たないものをありがたがって大事にして、そのために本物を見逃してしまうことのないように、その餅が絵なのか食べられる餅か、よく見極めていきましょう。

今度の家はユニバーサルデザインで最高級輸入システムキッチンで、建築費もケチらなかったというけれど、その設計家は料理をしたことがないらしい。さあ使いやすいというキャッチフレーズは絵に描いた餅か否か。

森を守るイベントというけれど、車でやってきて木の根っこを踏んづけながらディスカッション。本当に森のためになるのか、素晴らしいテーマは絵に描いた餅か否か。

気休めはやめてください。時間の無駄だし、二度と信じられなくなってしまう。つきたての餅の湯気や、焦げる餅の匂いに敏感に。そう、いつでも「五感」が絵に描いた餅かどうかを見抜いてくれます。

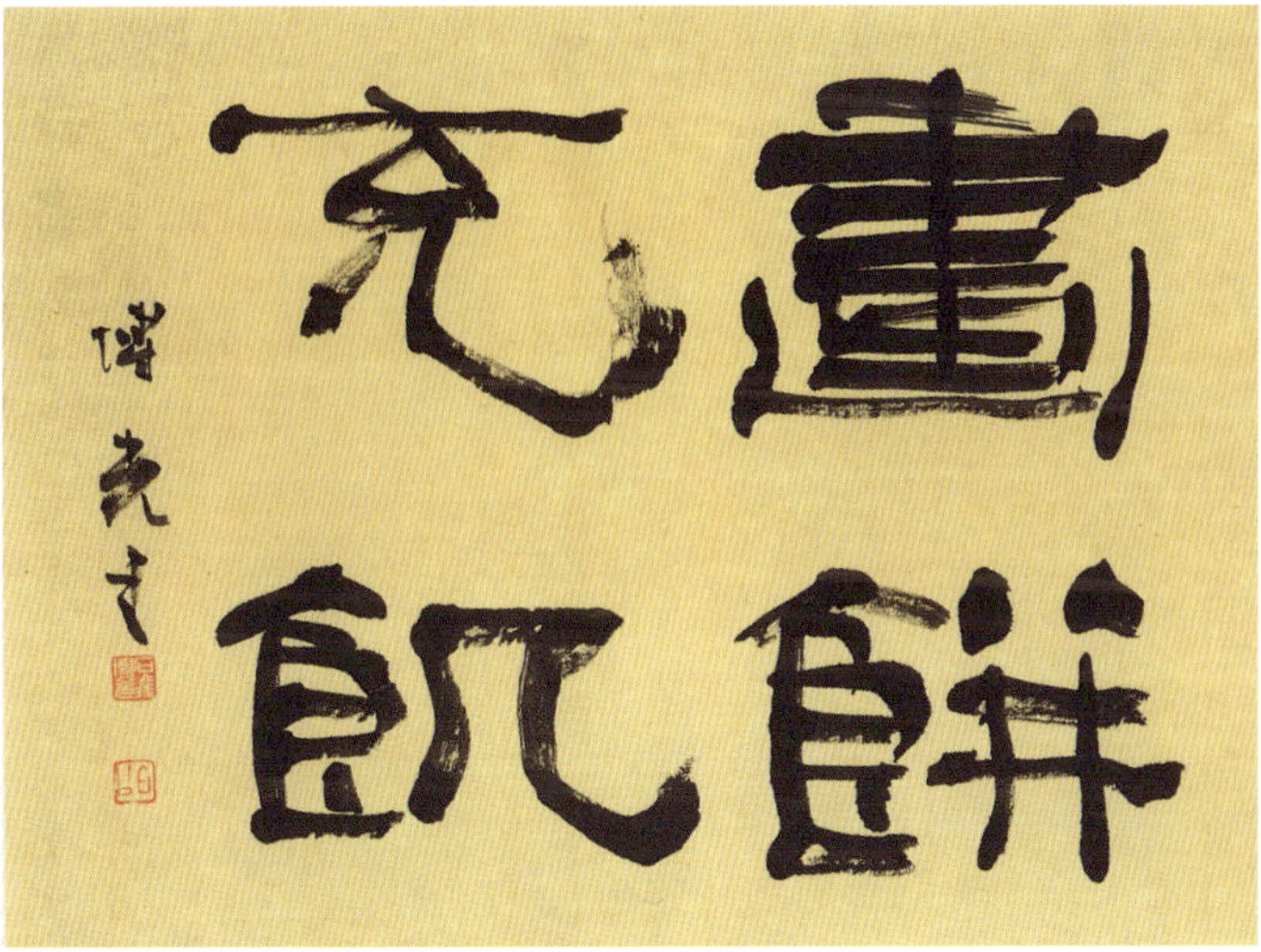

25.4×34.8㎝

花鳥風月宿《かちょうふうげつのやど》

自然を愛でられる環境に感謝して

まるで、女性に人気の高級温泉旅館のようですが、私たちが住むこの世を「宿」と言いかえたまでで、つまり「美しく風流な自然に囲まれたこの世」のことです。

季節ごとに無心の花が咲き、鳥が歌い、風がなびき月が照る。現実の世界はまさにこのとおり。季節を待てずに花を無理に咲かせ、鳥のとまる枝に餌になる虫が住めず、風を入れる窓が開かない高層ビルの中で、スモッグで月が隠れてしまうという世界は、人間が最近になって勝手に作ったものだったのに気づく言葉でもあります。

本来がこの言葉のような現実の世界。高級旅館と違うのは、貧乏人にもお金持ちにも、どんな人にも平等に用意されている風流だということです。

そう思えば、あなたはさしずめ旅館の亭主か女将さん。この恵まれた「宿」をきちんと浄めて清々しく、お客さまをお出迎え。

141×22.6（141×35）cm　表装　麻殖生素子

洗心《せんしん》

くすみをなくして

大仏頂経

お寺の手水鉢は、手を洗い口を清めるだけでなく、心も洗うために置いてあります。汚れた心を洗うため。つまり改心してから修行に向かいなさいというわけです。

そう言われても、泥棒して警察に突き出されそうになった時くらいしか「改心」なんて思い付かない。普段はすっかり忘れています、心を洗うこと。いい音楽やいい景色を見た時にも「心が洗われるようだ」と言いますが、せっかくですからもう少し頻度を上げましょう。

祈祷を受けに行くのでも坐禅修行でも、むしろ観光で立ち寄った時にも、神社仏閣、神聖な場所に向かう時はいつでもこのことを思い出して、そのたび「洗心」してみてはいかがでしょう。心の曇った部分をよく洗い流す。錆びたり固まったりしていませんか。

そのカビは、ずいぶん心を放っておいた証拠です。

心を洗ったあとは、ありがたい言葉がスーッとしみてくるようです。

20×38㎝

単刀直入《たんとうちょくにゅう》

相手の立場に近づいて

祖堂集

ズバリと聞くなんて、失礼かもしれないし悪いと思うから、まわりくどくじわじわと色々な話をからめて核心に近づいて行くのでしょう。でも、時間がかかる分、傷口を広げていることになっていませんか。のらりくらりと話したって、相手は「おっと、そこを聞きに来たか」とわかるもの。

そこで、相手を傷つけないように、単刀直入という「おもいやり」があります。玄関前でもじもじしてたって何も始まらない。人生は待ったなし。ピンポーンっと玄関ベルを押してしまえば物語が始まります。

持っていたいのは、あなたの不器用でシンプルな刀一本。いくつもの刀で小手先を使うより、自然な気持ちを一本に集中させてこそ単刀直入。重心を相手の立場にグッと近づける気合いがなければ、ひょいとかわされてしまいます。

46×34.5（59×48）㎝　表装　硯山

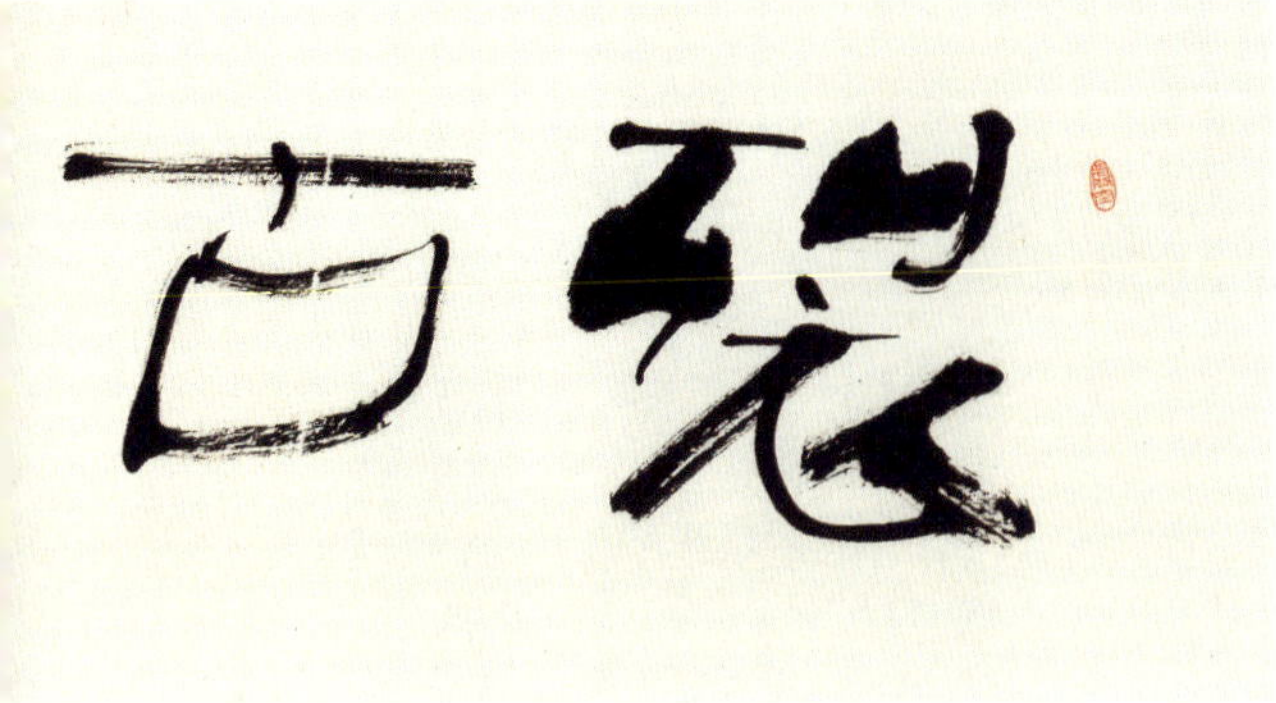

裂古破今《いにしえをさきいまをやぶる》

新旧とりまぜてこそ

年末ぎりぎりまで仕事だから、お正月の準備なんてとっても出来ない。そりゃあ、おばあさまたちの時代はそうだったかもしれませんが、豆のもどし方も知らなければ、きんとんの色だって出せない。せっかくの休みくらいゆっくりしたい。古い習慣は、時間がゆっくり流れる時代に生まれたもの。男が稼いできてくれた時代の話。とはいえ、家族で過ごすお正月は大切に過ごしたい。ハレの日を飾るテーブルには華やかなおせ

17.5×69.3㎝

ち料理がぴったり。三段のお重箱は、重ねたらコンパクトになる先人たちの知恵の器。だから、おせちはデパートで買うことにしました。中身はワインにも合うように少し洋風。

古いものは時代に合わないことがあるものの、時を超え考えぬかれた知恵もまた満載。逆に新しいものが無条件にいいなんてことはない。新旧にとらわれず、本物を選ぶ目を持って自由に組み合わせてお幸せに。

吹《すい》毛《もう》常《つね》磨《にます》

修行に終わりなし

大燈遺偈

この言葉で常に磨けといっているのは「吹毛剣」という剣のこと。吹毛剣の切れ味は、たとえば鳥の羽がふわりと落ちてきただけでスパっとふたつに切れてしまうほど。人間の煩悩やしがらみでさえ、みごとに切ってしまいます。そんな伝説の剣も、常に磨いていないと切れ味が悪くなります。

能力にあぐらをかいてしまったら、鋭さは鈍り、堕落がはじまる。優秀な吹毛剣でさえそうなのです。だから、常に磨き続けることが肝心です。修行に終わりはありません。稽古を続けて自分が先生になったら、ますます毎日が勉強の日々となる。今度は教えるための勉強であり、自分の技術が錆ないための稽古、そして慢心しないための稽古、慣れや惰性で稽古しないための修行となるのです。

自分が道を極めたと思ったら、次に来るのは「百尺竿頭進一歩」（ほっとする禅語130頁）です。

81.8×23.3cm

一雨潤千山《いちうせんざんをうるおす》

誰にも同じように

たったひと雨があらゆるものを平等に潤す、という言葉。禅語では、すぐれた仏法がすべての人に恩恵を与えるという意味です。

一部の人にだけ役に立つ仏法というのはありません。誰にも平等に人生や世界を教えてくれる。経営者には役立つが、主婦には関係ない仏法なんていうのはありません。子供の教育には使えるが、親となったらもう卒業、なんてこともない。僧侶にだけにわかるものでもなく、外国人にも他の宗教の人々にも恩恵をもたらすものだと考えていいでしょう。

この「一雨潤千山」は、ある人には「チームの誰かをひいきせず、全員に平等に指導しよう」と思わせる。ある人には「全員に配分したなら取り分が少なくてもやむなし」とあきらめさせる言葉かも。優しく降ってきた春雨を見て、この空の下にいる愛しい人にも同じ雨が降っているだろうと、禅語を「風景」で記憶する人もいることでしょう。

40.4×34.8㎝

知恩方解報恩《ちおんほうかいほうおん》

自分を超えていけという師匠

臨済録

弟子の見識が、師匠を超えてこそ恩に報いた事になる、という禅語。

先生からお免状をいただくことだけが目標のうちは、まだまだ。教えがしっかり身につきましたから、もうお免状はいりません、と言えるくらいでやっと恩に報いたことになります。

人生にはいろいろな先生が登場します。

小学校の担任、部活のコーチ。お習字の先生、ピアノの先生。会社の中で師と仰ぐ上司も出てくる。ゼミの教授、日曜学校の牧師、人生のお手本だった茶道の師匠。

それぞれの先生の見識を超えなければ先生を安心させることはできません。ただ尊敬されているだけでは先生だって情けない。自分を超えて行けと、願っているのが本当の先生です。いつまでも尊敬する先生ではあるけれど、先生が小さく見えるようになってこそ本当の卒業です。

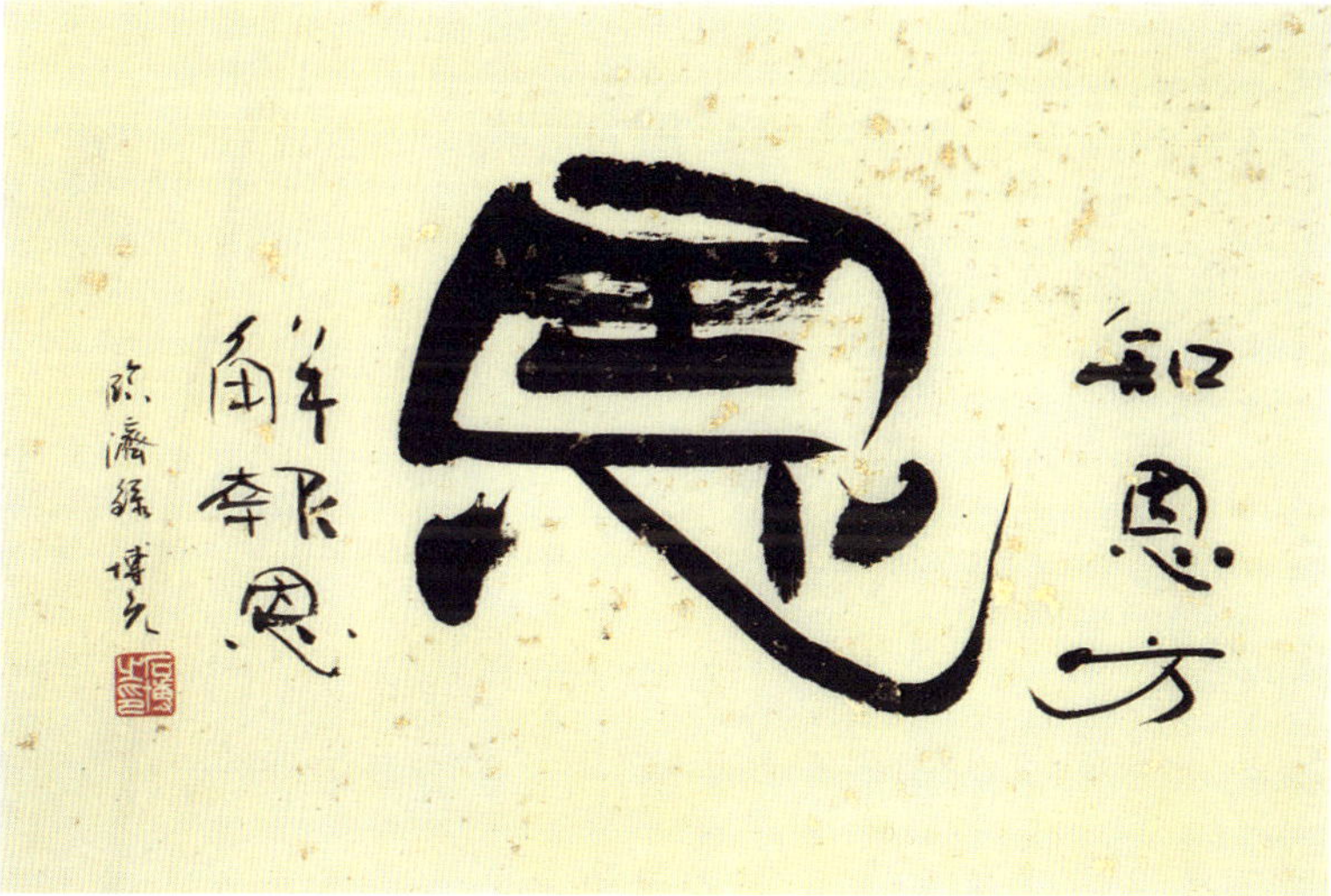

21×33cm

五、毎日が新鮮になる

元気《げんき》

あなたの元気は順調ですか

諸方門人参問語録

世の中は「気」で満ちている。流れる川にも、樹木にも、燃える炭にもお茶碗にも、舞台にも指輪にも。あらゆるものに「気」が宿っていて、その「気」は弱っていることもあれば、強く感じられることもある。その根本になるのが「元気」。

老若男女が頻繁に使う言葉のナンバーワンかもしれません。軽い挨拶言葉ですが、大珠慧海の『諸方門人参問語録』に出てくる禅語です。

「お元気ですか?」というのは、この「元気」が好調に気を発揮していますか? と確認しているわけです。

「元気」が活性化している時にものごとに取り組めば、相手が人だろうと植物だろうと道具だろうと、波動のように「気」が伝わります。もしも「気」のない返事なら、ゆっくりそおっと、あなたの元気を伝えてくださいい。

45×27（129×40）cm　表装　麻殖生素子

歩々是道場《ほほこれどうじょう》

地球のどこでも修行はできる

禅林類聚

アトリエがないから絵が描けない。茶室がないからお稽古できない。ピアノがないから歌えない。机がないから勉強できない。どこへ行けばいいのかわからないから坐禅が組めない。

喝！

そんな言い訳する人を許さない禅語です。いつどこでも一歩一歩移動していくごとに、その場所こそが修行の場。いつでも道場にいると思えということです。

絵は野に出て描くもの。歌は自分の耳が育てるもの。勉強はみかん箱でできる。茶の湯の心は茶室だけではぐくまれるものではない。生きているすべての瞬間が修行の場なのです。呼吸も姿勢も、歩く姿も、言葉のひとつも。だから一瞬一瞬に気が抜けません。

目の前にした朝食が、どこから来て、誰が運んできたか。自然の恵みの収穫と人の手を思えばキッチンも立派な道場です。

45.6×34.4（123×45.5）cm　表装　湯山春峰堂

千里同風《せんりどうふう》

あなたの友は遠い空の下で

宗鏡録

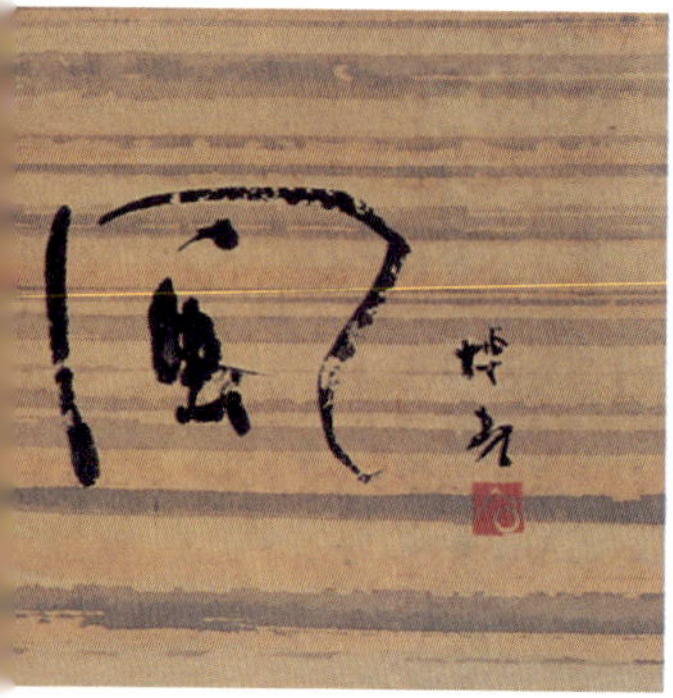

遠く離れていても、そこには同じ風が吹いている。

ある日、筆不精の友人から短い手紙が届く。そこに書かれた文字は少なくても、行間に彼の気持ちが読める。志《こころざし》は変わっていないが、お互い我慢の時期なんだなあ。自信の揺らぎに葛藤の日々を過ごしているようだなあ。ああ、同じ心境だ。

今、この場所で見渡す空はどこまでも続き、遥か遠くのその空の下に、同じ心を持った人

14.8×50.2㎝

がいる。同じように笑い、同じように悲しみ、同じように感じている人がいる。

毎日見ている顔だけがあなたに共感しているのではなく、むしろまだ会ったこともない人々の頭上にもこの同じ空が広がり、同じ星を見ていることに思いを馳せましょう。

モーツァルトに心地よさを感じるのは、彼と同郷だからではないでしょう。

タージマハールを美しいと感じるのは、インドの人たちだけではないでしょう。

快哉《かいさい》

たのしきかな

碧巌録

愉快だ、こころよい。

禅の言葉で登場するとき、この言葉は、温泉に入って気持ちがいいという快さとはちょっと違うようです。自分の煩悩に邪魔されず、教えにそった行動ができた時こそ叫ぶのです。仏法が正しく解釈され伝授された時こそ愉快なのです。達成感がさわやかです。

「癒し」が流行して、リラックスしよう、無理するな、勉強はあまり詰め込みすぎず、枕と香りを選ぶことが大切、エステティックで自分を磨き、自分が一番好きなことをやろう、というのがあたりまえのように語られます。

しかし、簡単に登れる山は、山頂に到達した時に感動が少ない。簡単にできる、つまり自分を甘やかすだけで気持ちがよくなる程度では、心の底から愉快だとさけぶほどではないでしょう。修行の先にある愉快は、力強く清廉、そして充実感がみなぎります。

27×44㎝

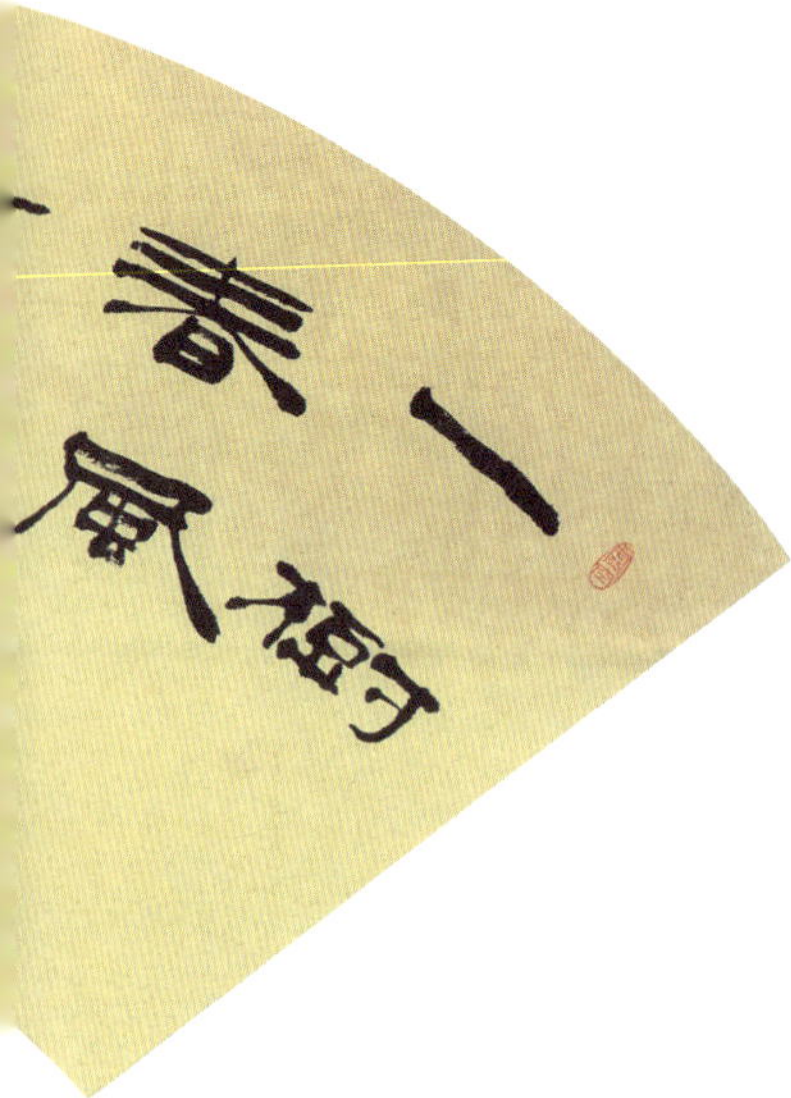

一樹春風有両般《いちじゅのしゅんぷうりょうはんあり》　南枝向暖北枝寒《なんしはだんにむかいほくしはかん》

予想外の結果

槐安国語

一本の樹に春風が吹いた。南の枝には暖かく感じても、北の枝には届きません。同じことが起きても違う育ちをする二つの枝。だから「春風が吹いてよかったよかった、これでもう花が咲く」と、もろ手を上げて喜んでいるわけにもいきません。

単純に決めてかかると世の中を見誤ります。事実は、その裏で予想しない展開になっていることがあります。

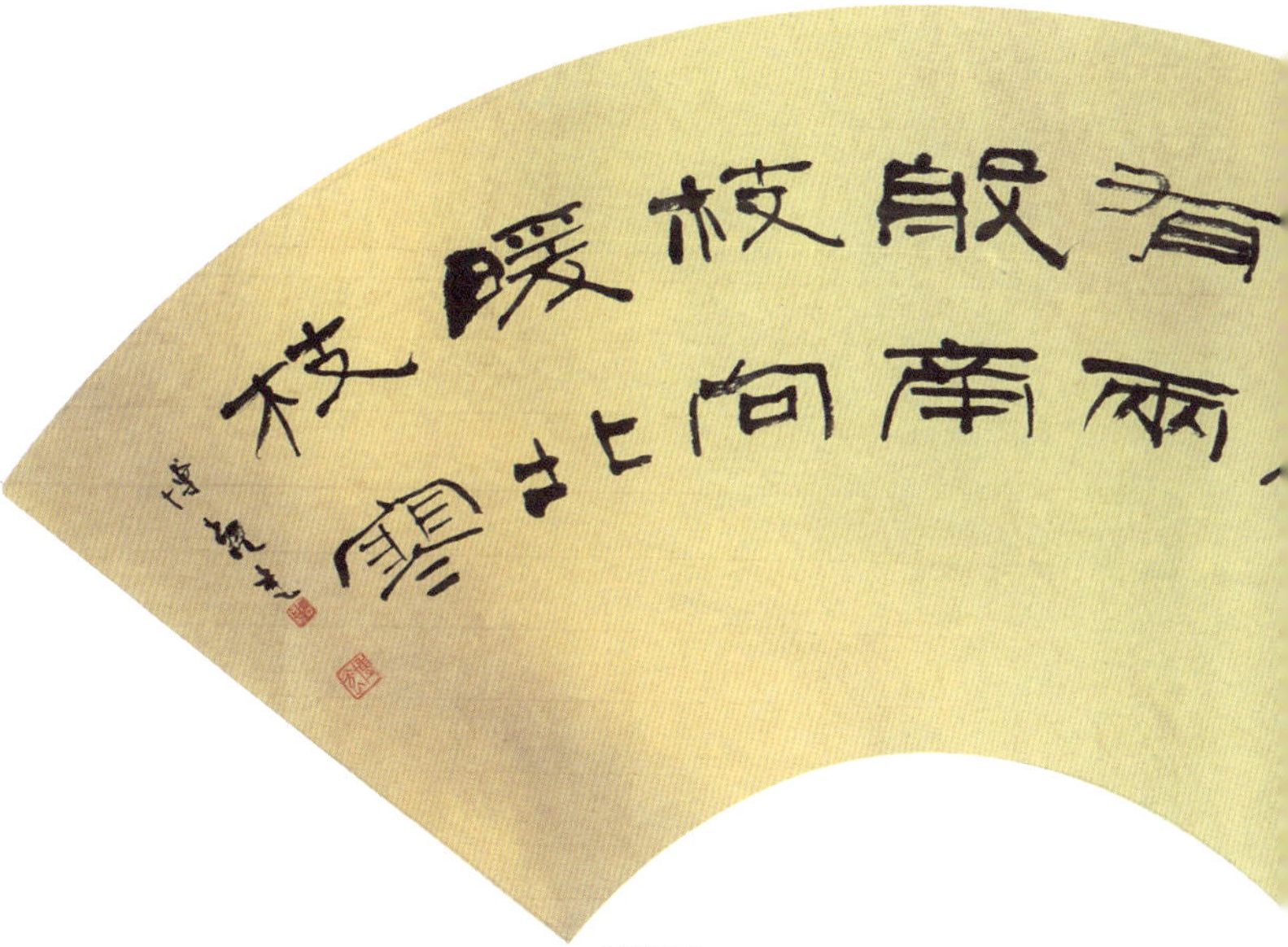

20.7×53㎝

貧しさの中で強く生きるアフリカのある国へ、親善大使として訪問した女優が、自分に出来ることは何かと考えて、美味しいお菓子をプレゼントしようとしたことがあります。かの地の案内人はそれを感謝し、しかしさえぎりました。

「その美味しさを知ってしまったら、この子たちは明日から、この生活が辛く貧しいものであることに気づいてしまうので」。

吹かせるのが難しい春風もあります。

且《しゃ》緩《かん》々《かん》

まあ、落ち着いて

雲門広録

あわてるな。あせるな。肩に力が入りすぎ。落ち着きなさい。呼吸をととのえて。

急ぐ人は、はたからみると滑稽です。その道は袋小路だと標識があったのに見る間もなく走っていく。その道は渋滞だとラジオで言っているのに聞く間もなく走っていく。

どの道も、急いで極めることはできません。急がば回れ。

師匠に対し、矢継ぎ早に質問攻めにして疑問をすべて解消し、早く悟ろうと思ったお坊

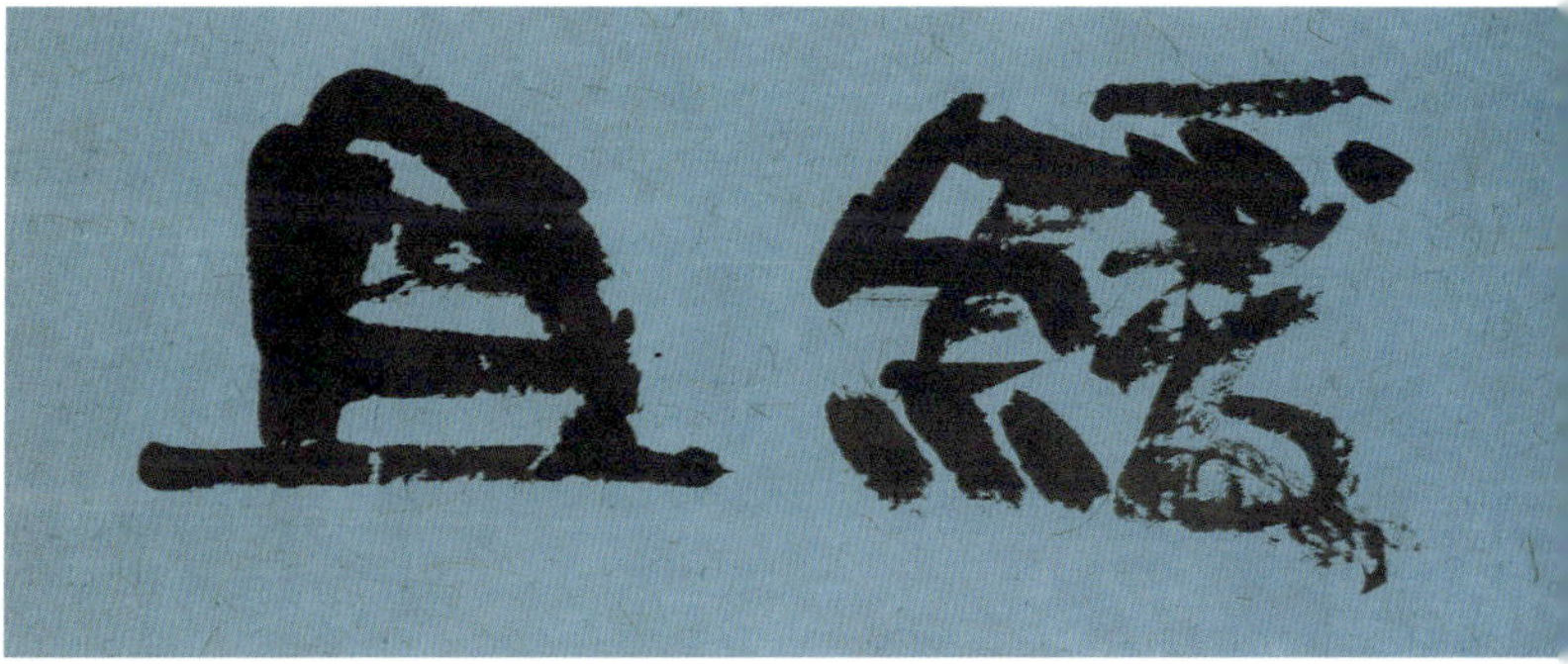

21.5×61㎝

さん。

「且緩々」と言われてしまいました。おいおい、落ち着け。

まずはお茶でも召し上がれ。（「喫茶去」ほっとする禅語12頁参照）

緊張したお客さまを迎えたら、この一言をかけてあげたい。

人生だって、時にはふと立ち止まり、これでいいのかとゆっくり考える時間が大切。

冷暖自知《れいだんじち》

体験しないとわからないこと

禅林類聚

石飛先生が禅語を書く。実に簡単そうです。筆から生まれるのは篆書だったり草書だったり。するする、さささっ、ぐいっ。運筆に迷いがありません。

しかし自分でやってみると違います。辞典と首っ引きでは筆が生き物になりません。だから「冷暖自知」。冷たいか暖かいかは、自分で触ってみないとわからない。

人が体験したことを聞いただけでは、本当のところはわかりません。その人にとって暖かかったり、その人にとっては冷たいかもしれませんが、その感じ方さえさまざまです。自分で体験することが必要なのです。見ただけ、聞いただけの知ったかぶりで判断すると大きな間違いも起こします。物事の真の醍醐味は自ら近づき、触ってみないことには味わえません。

ページをめくるごとに現れる多彩な「書」は、一文字一文字、幾歳月もかけて体にしみこませたもの。だからこそ自然で人柄さえ語るのでしょう。

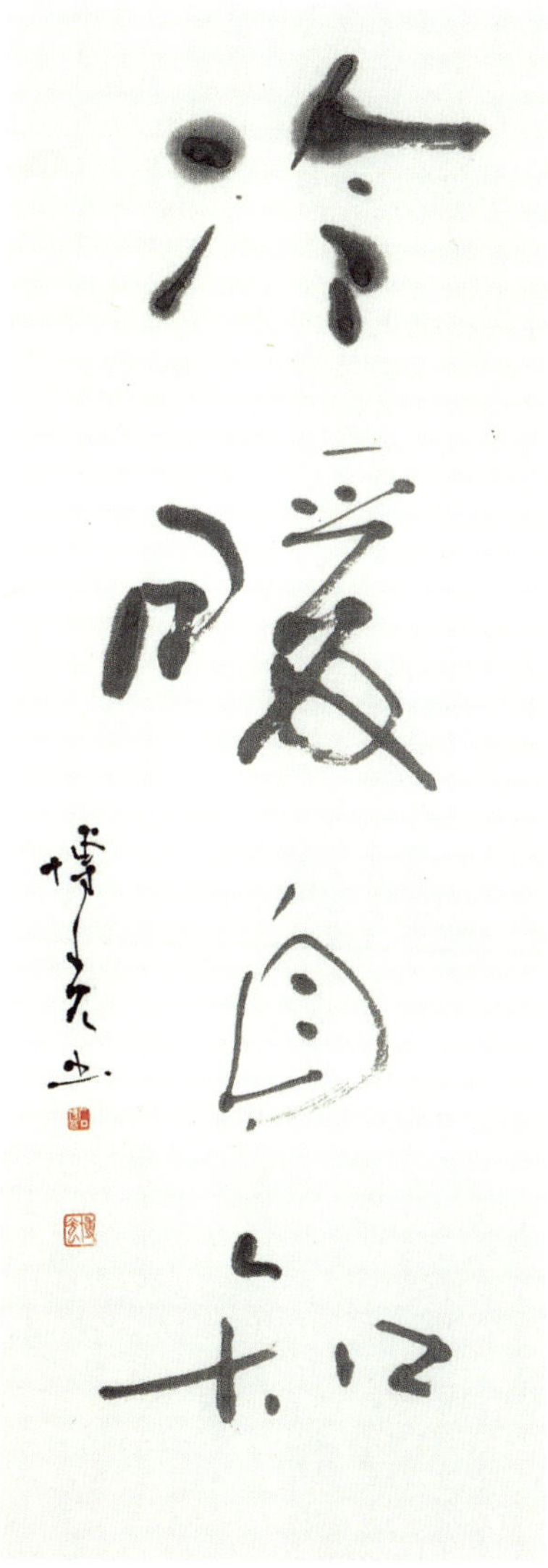

46.4×17.6cm

独釣寒江雪《ひとりつるかんこうのゆき》

孤独を味わう

寒い雪の中で、川に小舟を浮かべて釣りをする独りの老人の姿を描いた水墨画「寒江独釣の図」は有名です。これを禅語としているのは、世間と隔絶された孤独な世界で、厳しい修行をする禅僧の姿に似ているからでしょう。どこで修行していようとも、このような心境であれというわけです。

まだ夜も明けない雪の中、川で釣りをしていると、釣る事に集中してむしろ温かささえ覚えるんだよ、というのは実際に釣りに行った人の話。相手にしている魚や投げ込んだ糸の音に驚いて飛び立つ鳥の存在に孤独を忘れ、暗闇と一体になってくるのだと聞きました。

そういえば厳寒の北陸で雲水さんたちがいきいきとしているのは、ただ厳しく孤独なだけではないはずだと思えてくる。疑うわけではありませんが、あの禅画の老人も、魚との対話に寒さも忘れ、孤独も忘れて結構楽しんでいるに違いない。

22.4×37㎝

三級浪高魚化龍《さんきゅうなみたかくしてうおりゅうとかす》

チャレンジするものだけに

碧巌録

目の前に立ちはだかった難問の山。目の前に登場した次なる試練。それを越えれば、その先は経験したこともない素晴らしい境地があるらしいのだけれど。いざその高さを見るとひるみます。そもそも出来るかどうかわからないじゃないか。出来ないかもしれないし。だったら途中で断念して逆さまに落ちてゆくより、ここで我慢していよう。毎日は言い争いと奪い合いの連続で悩みはつきないが、仕方ない……。

そんな時、鯉なら迷わず登ります。だから「鯉のぼり」。鯉に限らず魚が滝を登ると龍になるという「登龍門」の伝説からきた禅語です。三級とは三段になったみごとに高い滝のことで、黄河の中流、龍門山にある滝です。高い課題に挑む魚たち。いつまでもよどんだ淵に執着せず、龍となって悟りの境地を得ます。

龍になるチャンスは、どんな魚にもある。あとは魚のやる気次第。

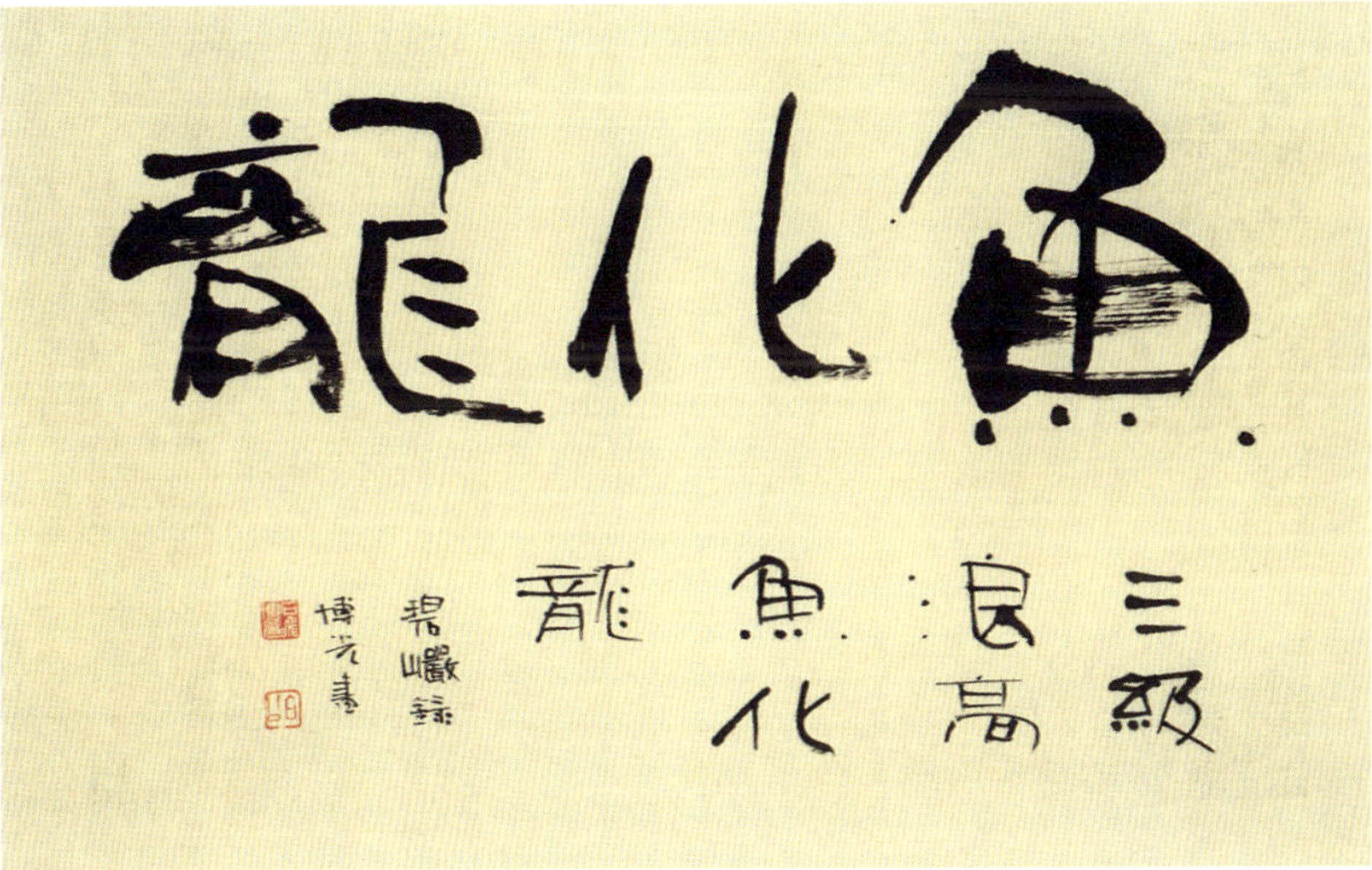

28×45.7㎝

家和万事成《いえわしてばんじなる》

どんな家庭をつくろうか

家が和やかで安住できてこそ、世の中で事を成し遂げることができるという言葉。家がとげとげしく、家族の心が離れてしまって、わずかなことで口喧嘩。玄関をバンッと閉めて出掛けるなんて……。家はエネルギーを蓄える所。休息して英気を養う所。もし不穏な空気を感じたら、外で事を成すことより、家の調整が最優先です。ここは身体の健康と同じ。すべての土台になるのですから。

家はあなたの居場所、迷ったら帰るところ。夫婦だけでも家族でも、全員の居心地がいい場所を作りましょう。どんな家、どんな家族を作り上げるかは誰にも遠慮せず、どの家もお手本にすることなく、比較することもなく、自由にやればいいのです。

家族が寄り添って暮らすことの醍醐味は、そこに裸になった気持ちのぶつかりあいと仲直りがあることかもしれません。家の中での心の相撲は、外に出たときの練習。

39×34㎝

桃花笑春風《とうかしゅんぷうにえむ》

毎年かわらず

古尊宿語要

また今年も桜の花を見ることが出来た。生きていることを感謝しながらのお花見です。

人の姿は変わっても、花の姿はかわらず。桜の花も桃の花も、春風が吹くたびに同じ姿で同じ香りで咲きほころびます。禅語でこのことを言うのは、世の中が変わっても仏さまの教えもまた、桃の花が咲くのと同じように変わらないものだ、という意味です。桃の花も仏法も、くり

23×77㎝

返しくり返し、私たちに同じことを説いてくれます。禅語を聞くたび、違う意味や違う強さ、違う深さ、そしてありがたさの度合いまで違って感じるのは、私たち自身が聞くたびに心が変化しているからなのでしょう。

自分が少し成長したかな、と思ったら、昨年読んだ禅語をもう一度取り出してみてはいかがでしょう。わからなかったあの言葉が、魔法が解けたようにわかるかもしれません。

遠観山里色《とおくさんりのしきをみる》

遠くから見ないと見えないもの

禅林類聚

遠く山の上から人の住む山あいの里を眺める。

いつもはあの里の中でくるくると働き、そこが世界のすべてと思っていた。遠くには山が空に向かってそびえているのだと思っていたら、こんな風に私たちのいる里をやさしく包んでくれているんだ。知らなかった、はじめて見る幸せそうな里の風景。

「ふるさとは　遠きにありて思うもの」

自分の家、自分の村、自分の国、自分の仕事、自分の家族、自分の人生。この言葉にあるような高い山の上に身を置かないと、わからないことがあります。自分の周辺を客観視してみると、あらためて気づくことが出てきます。海外に行くと、日本のことがよく見えてくるというのも同じ。日本にしかないもの、日本人が亡くしたもの、世界の中の日本の立場。

たまには遠くから見てみませんか。

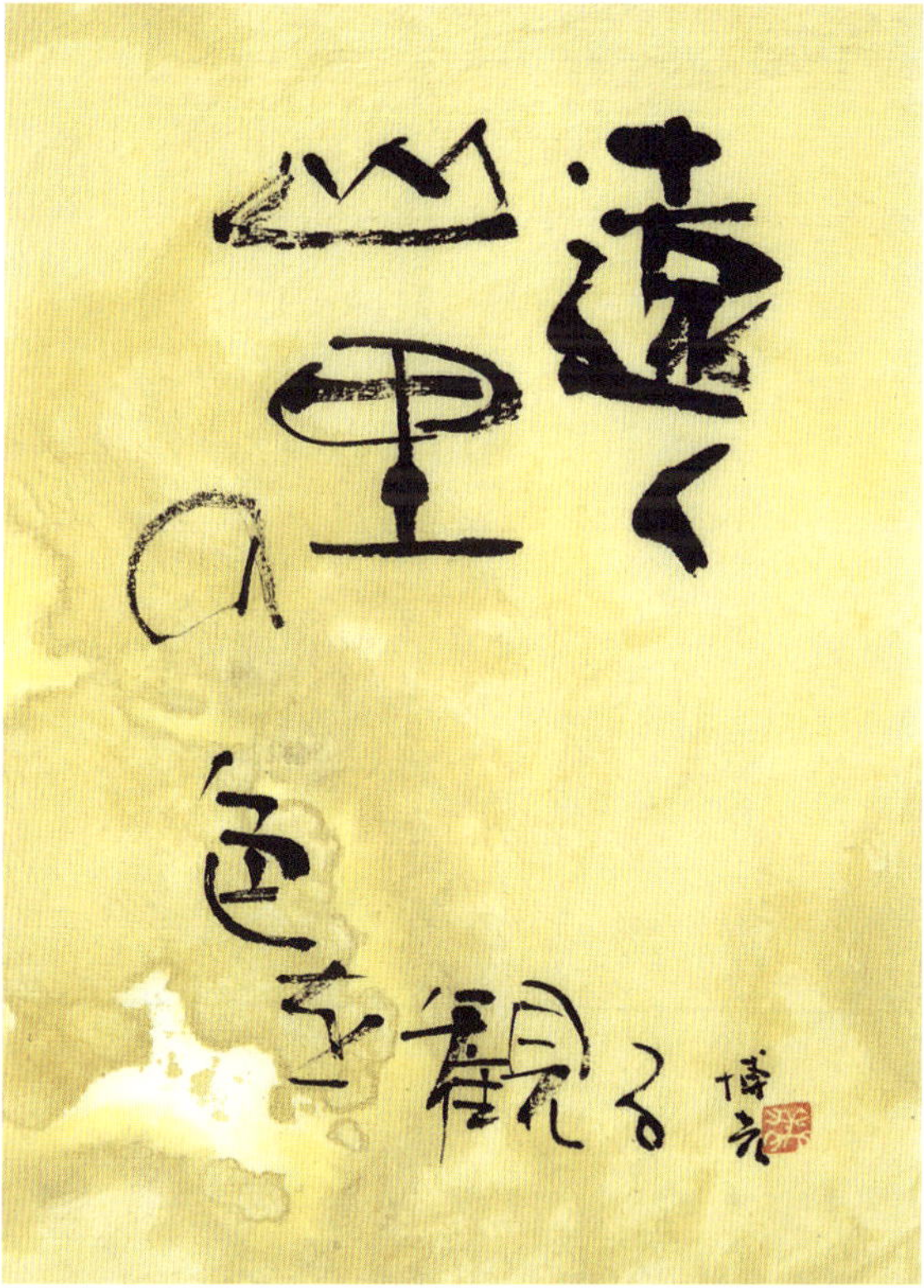

32×23.5㎝

日面仏《にちめんぶつ》 月面仏《がつめんぶつ》

一生の長さ

碧巌録

太陽の顔をした仏を日面仏、月の顔をした仏を月面仏といいます。

このふたつの仏の寿命はまったく違います。日面仏はなんと千八百歳の超長寿。かたや月面仏はわずか一昼夜です。しかし寿命が何年だろうと、どちらも一生は一生です。危篤になった馬祖道一禅師が、お見舞いに来たお坊さんから「今日の容態はいかがですか」と聞かれて答えた言葉が「日面仏、月面仏」。生きる長さは問題ではない。死ぬ時がくれば死ぬだけだ。生きている間は生きている。

大切な一生。長さがいかようでも投げ出すわけにはいきません。おろそかにはできません。一生はその長短が問題ではない。つまり生きている一瞬、生きている一日一日が問題だと、この禅語は教えてくれます。長生きするにはどうしたらいいかと悩んで薬を飲み、我慢の日々を送ってストレスを貯めるより、今を精一杯生きることに専念するのが長生きの秘訣かもしれません。（＝面の象形）

21.2×22.6㎝

ことばと書
人と書
切りはなすことのできない
つながりを感じながら書きました
奥深い心の襞《ひだ》を味わうことは
何にも変えることのできない至福の時
先達たちの心にふれることの喜びを
分かちあいたいと思います

石飛博光

野田大燈（のだ・だいとう）
1946年、香川県生まれ。1974年、得度。1984年、財団法人「喝破道場」、社会福祉法人「四恩の里」理事長、県立児童養護施設「亀山学園」園長。2001～2006年、曹洞宗大本山總持寺後堂。学校法人總持学園理事。曹洞宗社会福祉施設連盟理事長。1989年、正力松太郎賞・キワニス社会公益賞受賞。2008年、仏教伝道文化賞受賞。
http://www.kappa.or.jp

杉谷みどり（すぎたに・みどり）
1960年、東京都生まれ。プロデューサー。出版企画、事業開発等に従事。業種間、地域間の情報格差や、男女の意識格差を解き明かし、「難しいことをわかりやすく伝える」事業に幅広く取り組んでいる。

石飛博光（いしとび・はっこう）
1941年、北海道生まれ。金子鷗亭に師事。88、89年日展特選連続受賞。96年、ＮＨＫ教育テレビ「実用書道」の講師を務める。日展会員、毎日書道会理事、全日本書道連盟副理事長、日本詩文書作家協会会長、創玄書道会会長、ＮＨＫ文化センター講師。
http://www.ishitobi-hakko.com

続《ぞく》 ほっとする禅語《ぜんご》70

2004年３月３日　初版発行
2019年４月10日　19刷発行

著　者　野田大燈《の だ だいとう》　杉谷《すぎたに》みどり　石飛博光《いしとびはっこう》
発行者　渡邊隆男
発行所　株式会社 二玄社
〒113-0021　東京都文京区本駒込6-2-1
電話 03(5395)0511　Fax 03(5395)0515
http://nigensha.co.jp

装　丁　エス・デザイン
印　刷　図書印刷株式会社
製　本　鶴亀製本株式会社

ISBN978-4-544-05128-5　C0014

楽に生きるための智恵を説く。

ほっとする禅語70

渡會正純監修｜石飛博光 書 ●1000円

誰もが一度は聞いている70の言葉を元に、気鋭の書家の書を配し、優しい文字が深く、深い文字が面白く読めるよう工夫。心を癒す一冊。

おじさんたちの手から『論語』を解放。

ほっとする論語70

杉谷みどり 文｜石飛博光 書 ●1200円

古典に籠められた知恵を優しく説き明かし、今に活かす画期的な手引き。書で目を楽しませ、読み進む内に心も晴れる、好評シリーズ第五弾。

悩み抜く一人ひとりの身に響く。

ほっとする親鸞聖人のことば

川村妙慶 文｜髙橋白鷗 書 ●1000円

真宗大谷派僧侶の川村妙慶と書家の髙橋白鷗、女流ふたりが親鸞さんの教えを、講話と書でわかりやすく伝えた一冊。

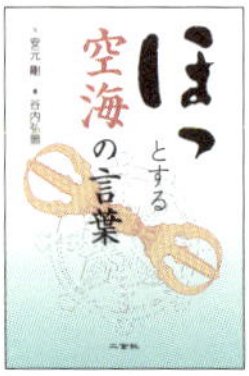

「お大師様」の言葉を親しみやすく紹介。

ほっとする空海の言葉

安元 剛 文｜谷内弘照 書 ●1200円

弘法大師空海の人間像と、真言密教の教えを親しみやすい言葉で再現。気鋭の密教学者と空海ゆかりの名刹神護寺住職の書による理想の合作。

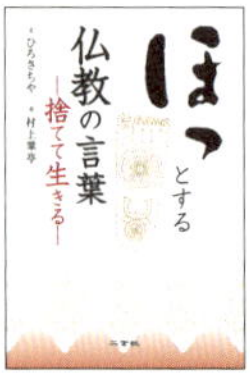

捨てて生きることこそ幸福への道。

ほっとする仏教の言葉

ひろさちや 文｜村上翠亭 書 ●1000円

釈迦から法然、道元、良寛まで、仏教の真髄を説く三十三の名言を選び出し、平易に解説。欲望を捨てて生きることこそ幸福につながる。

二玄社〈本体価格表示。2019年4月現在。〉http://nigensha.co.jp